KB201340

南朱雀·二

낭송 금강경

외

낭송Q시리즈 남주작 02
낭송 금강경 외

발행일 초판3쇄 2022년 8월 10일(壬寅年 戊申月 乙未日) | **풀어 읽은이** 신근영
펴낸곳 북드라망 | **펴낸이** 김현경 | **주소** 서울시 종로구 사직로8길 24 1221호(내수동,
경희궁의아침 2단지) | **전화** 02-739-9918 | **이메일** bookdramang@gmail.com

ISBN 978-89-97969-47-0 04220 978-89-97969-37-1(세트) | 이 도서의 국립중앙도
서관 출판시도서목록(CIP)은 서지정보유통지원시스템 홈페이지(http://seoji.nl.go.
kr)와 국가자료공동목록시스템(http://www.nl.go.kr/kolisnet)에서 이용하실 수 있습
니다.(CIP제어번호: CIP2014035072) | 이 책은 저작권자와 북드라망의 독점계약에
의해 출간되었으므로 무단전재와 무단복제를 금합니다. 잘못 만들어진 책은 서점에
서 바꿔 드립니다.

책으로 여는 지혜의 인드라망, 북드라망 www.bookdramang.com

낭송
Q
시리즈

남주작
02

낭송
금강경 외

신근영
풀어
읽음

고미숙
기획

티

▶낭송Q시리즈 『낭송 금강경 외』 사용설명서◀

1. '낭송Q'시리즈의 '낭송Q'는 '낭송의 달인 호모 큐라스'의 약자입니다. '큐라스'(curas)는 '케어'(care)의 어원인 라틴어로 배려, 보살핌, 관리, 집필, 치유 등의 뜻이 있습니다. '호모 큐라스'는 고전평론가 고미숙이 만든 조어로, 자기 배려를 하는 사람, 즉 자신의 욕망과 호흡의 불균형을 조절하는 능력을 지닌 사람을 뜻하며, 낭송의 달인이 호모 큐라스인 까닭은 고전을 낭송함으로써 내 몸과 우주가 감응하게 하는 것이야말로 최고의 양생법이자, 자기배려이기 때문입니다(낭송의 인문학적 배경에 대해 더 궁금하신 분들은 고미숙이 쓴 『낭송의 달인 호모 큐라스』를 참고해 주십시오).

2. 낭송Q시리즈는 '낭송'을 위한 책입니다. 따라서 이 책은 꼭 소리 내어 읽어 주시고, 나아가 짧은 구절이라도 암송해 보실 때 더욱 빛을 발합니다. 머리와 입이 하나가 되어 책이 없어도 내 몸 안에서 소리가 흘러나오는 것, 그것이 바로 낭송입니다. 이를 위해 낭송Q시리즈의 책들은 모두 수십 개의 짧은 장들로 이루어져 있습니다. 암송에 도전해 볼 수 있는 분량들로 나누어 각 고전의 맛을 머리로, 몸으로 느낄 수 있도록 각 책의 '풀어 읽은이'들이 고심했습니다.

3. 낭송Q시리즈 아래로는 동청룡, 남주작, 서백호, 북현무라는 작은 묶음이 있습니다. 이 이름들은 동양 별자리 28수(宿)에서 빌려 온 것으로 각각 사계절과 음양오행의 기운을 품은 고전들을 배치했습니다. 또 각 별자리의 서두에는 판소리계 소설을, 마무리에는 『동의보감』을 네 편으로 나누어 하나씩 넣었고, 그 사이에는 유교와 불교의 경전, 그리고 동아시아 최고의 명문장들을 배열했습니다. 낭송Q시리즈를 통해 우리 안의 사계를 일깨우고, 유(儒)·불(佛)·도(道) 삼교회통의 비전을 구현하고자 한 까닭입니다. 아래의 설명을 참조하셔서 먼저 낭송해 볼 고전을 골라 보시기 바랍니다.

  ▷ 동청룡: 『낭송 춘향전』, 『낭송 논어/맹자』, 『낭송 아함경』, 『낭송 열자』, 『낭송 열하일기』, 『낭송 전습록』, 『낭송 동의보감 내경편』으로 구성되어 있습니다. 동쪽은 오행상으로 목(木)의 기운에 해당하며, 목은 색으로는 푸른색, 계절상으로는 봄에 해당합니다. 하여 푸른 봄, 청춘(靑春)의 기운이 가득한 작품들을 선별했습니다. 또한 목은 새로운 시작을 의미하기도 합니다. 청

춘의 열정으로 새로운 비전을 탐구하고 싶다면 동청룡의 고전과 만나 보세요.

▷ 남주작 : 「낭송 변강쇠가/적벽가」 「낭송 금강경 외」 「낭송 삼국지」 「낭송 장자」 「낭송 주자어류」 「낭송 홍루몽」 「낭송 동의보감 외형편」으로 구성되어 있습니다. 남쪽은 오행상 화(火)의 기운에 속합니다. 화는 색으로는 붉은색, 계절상으로는 여름입니다. 하여, 화기의 특징은 발산력과 표현력입니다. 자신감이 부족해지거나 자꾸 움츠러들 때 남주작의 고전들을 큰소리로 낭송해 보세요.

▷ 서백호 : 「낭송 흥보전」 「낭송 서유기」 「낭송 선어록」 「낭송 손자병법/오기병법」 「낭송 이옥」 「낭송 한비자」 「낭송 동의보감 잡병편 (1)」로 구성되어 있습니다. 서쪽은 오행상 금(金)의 기운에 속합니다. 금은 색으로는 흰색, 계절상으로는 가을입니다. 가을은 심판의 계절, 열매를 맺기 위해 불필요한 것들을 모두 떨궈 내는 기운이 가득한 때입니다. 그러니 생활이 늘 산만하고 분주한 분들에게 제격입니다. 서백호 고전들의 울림이 냉철한 결단력을 만들어 줄 테니까요.

▷ 북현무 : 「낭송 토끼전/심청전」 「낭송 노자」 「낭송 대승기신론」 「낭송 동의수세보원」 「낭송 사기열전」 「낭송 18세기 소품문」 「낭송 동의보감 잡병편 (2)」로 구성되어 있습니다. 북쪽은 오행상 수(水)의 기운에 속합니다. 수는 색으로는 검은색, 계절상으로는 겨울입니다. 수는 우리 몸에서 신장의 기운과 통합니다. 신장이 튼튼하면 청력이 좋고 유머감각이 탁월합니다. 하여 수는 지혜와 상상력, 예지력과도 연결됩니다. 물처럼 '유동하는 지성'을 갖추고 싶다면 북현무의 고전들과 함께해야 합니다.

4. 이 책 「낭송 금강경 외」는 「유마경」(현장 한역漢譯본), 「백유경」(구나브리디 한역본), 「육조단경」(돈황본), 「법구경」(유기난 한역본), 「금강경」(구마라집 한역본), 「법성게」(의상대사)를 금강경의 가르침을 중심으로 하여 엮은 책으로, 풀어 읽은이가 각 경전의 편제를 새롭게 하여 엮은 편역 발췌본입니다.

차 례

서문 : 분별을 깨는 가르침 10

1. 유마경 21

   1-1. 세속의 보살, 유마힐 22
   1-2. 앉아 있다고 다 좌선은 아니다 25
   1-3. 법은 머무는 자리가 없다 28
   1-4. 평등한 마음 32
   1-5. 존재의 참된 법 35
   1-6. 잘못을 꾸짖는 법 37
   1-7. 바른 진리에서의 즐거움 41
   1-8. 중생이 아프니, 저도 아픕니다 45
   1-9. 세속, 해탈의 자리 48
   1-10. 병든 사람을 위로하는 법 50
   1-11. 병든 보살이 마음을 다스리는 법 52
   1-12. 분별을 떠난 법, 불이법문不二法門 55
   1-13. 두 종류의 음식 59
   1-14. 차별없는 청정한 불국토 62
   1-15. 다함없는 법의 음식 65
   1-16. 법의 한량없는 문 68

1-17. 사바세계의 착한 법 72

1-18. 보살의 여덟 가지 수행 74

2. 백유경 77

2-1. 우유를 모으는 사람 78

2-2. 배에 맞아 상처난 머리 80

2-3. 삼층 누각 82

2-4. 길잡이를 죽인 상인들 84

2-5. 반 푼의 빚 86

2-6. 나귀를 사온 제자 88

2-7. 나무통에 화낸 사람 90

2-8. 소를 훔친 사람 91

2-9. 원앙새 울음소리 93

2-10. 왕의 수염 깎기를 택한 신하 95

2-11. 부자의 입을 발로 찬 사람 97

2-12. 가짜 귀신 99

2-13. 떡 하나 때문에 도둑맞은 부부 101

2-14. 낙타와 항아리를 모두 잃다 103

2-15. 눈병이 무서워 눈을 없애버린 사람 104

3. 육조단경 105

3-1. 무념, 생각이 없음 106

3-2. 좌선坐禪 109

3-3. 마하반야바라밀 111

3-4. 근기根機 115

3-5. 돈오, 단박에 깨침 118

3-6. 공덕 121

3-7. 서방 극락세계 124

3-8. 수행 127

3-9. 부처님의 행 131

3-10. 하나의 수레 134

3-11. 상대되는 법 137

3-12. 참됨과 거짓 141

3-13. 참과 거짓, 움직임과 고요함의 게송 143

3-14. 게송을 전함 146

3-15. 혜능 대사의 게송 149

3-16. 참 부처 151

4. 법구경 155

4-1. 대구를 이루는 가르침 156

4-2. 마음 160

4-3. 꽃 163

4-4. 어리석음 165

4-5. 천 개의 말 168

4-6. 악행 170

4-7. 폭력 174

4-8. 자기자신 177

4-9. 코끼리 179

5. 금강경과 법성게 183

5-1. 형상에 집착하지 않는 마음 184

5-2. 강을 건너면 뗏목을 버려야 188

5-3. 깨달음을 모르는 깨달음 192

5-4. 얻을 것도 설할 것도 없다 195

5-5. 법답게 받아 지녀라 198

5-6. 상을 여읜 적멸 200

5-7. 금강경을 지니는 공덕 204

5-8. 마침내 나를 잃다 207

5-9. 일체는 하나 211

5-10. 진리는 얻을 것이 없다 215

5-11. 헤아릴 수 없는 공덕 218

5-12. 실체 없는 진리, 흔들림 없는 마음 221

5-13. 법성게 223

서문

분별을 깨는 가르침

1. '공'(空)이라는 금강석

이 책에 실린 경전은 모두 『금강경』金剛經의 가르침을 중심에 두고 엮은 것들이다. '금강'이란 금강석, 즉 다이아몬드다. 다이아몬드는 광석들 중 가장 단단한 광석이다. 그래서 다른 모든 돌들을 깨거나 절단할 수 있다. 또한 가장 빛나는 돌이기에 어둠을 밝힌다는 의미도 들어 있다. 『금강경』은 이렇게 어둠을 밝게 비추고 깨뜨리기 위한 가르침을 담은 책이다.

『금강경』이 말하는 어둠은 우리의 어리석음이다. 그리고 이 어리석음의 근원에는 분별하는 마음이 자리한다. 이것과 저것을 가르고, 나와 너를 가르며, 세속과 출가를 가르고, 중생과 부처를 가르는 마음. 이는 이것에는 이것만의, 저것에는 저것만의 고유한 어떤 것이 있다고 여기는 데서 비롯된다. 요컨대, 어떤 것이 인연의 장을 떠나 독립된 실체로서 존재한다고 생각하는 것이다.

우리는 이 세계가 자기만의 것을 가진 고유한 존재들로 이루어졌다고 생각한다. 이를테면 '진정한 나'라는 실체적 존재로서 자아를 찾는다. 그러나 우리 경험이 말해 주듯, 그런 나는 손에 잡히지 않는다. 그래서 다시 나를 찾아 떠나고, 또 다시 이것이 나의 자아인가 싶어 잡아보고, 그리고 다시 떠나고…… 그렇게 계속 떠돈다.

어쩌면 이런 떠돎은 우리가 느끼는 삶에 대한 불안감 때문일지도 모르겠다. 변치않는 확실한 존재, 그 실체적 자리에 가닿음으로써 불안함이 사라질 것이라고 믿으면서 말이다. 문제는 반대다. 불안하기 때문에 실체를 쫓는 게 아니라, 실체를 쫓기에 우리는 불안해진다. 어딘가에는 있는데 아직 찾지 못해 괴로운 것이 아니라, 결코 찾을 수 없는 것을 찾기에 일어나는 괴로움. 때로는 이런 괴로움을 넘어 삶이 허망하다는 생각을 하기도 한다. 삶에서 확실한 것은 아무것도 없다고, 아무리 애를 써도 잡히는 것은 없다고. 그러나 이 또한 마찬가지다. 허망한 것은 삶이 아니라, 실체적 존재를 찾아 안주하려는 그 마음 자체가 허망한 것이다. 삶이 괴롭고, 허망한 것은 바로 이 전도된 마음 때문이다. 실체를 쫓는 그 어리석은 마음에서 삶의 괴로움과 허망함이 일어난다. 이 어리석은 마음을 깨고 밝히는 경전이 『금강경』이다.

『금강경』이 이런 분별하는 마음을 깨기 위해 내세운 금강석은 '공'空이다. 이 세계의 모든 존재의 자리는 비어 있다. 우리는 비어 있는, 아무것도 없는 그 자리를 탐하고 집착한다. 그러나 어찌 그 비어 있음을 소유할 수 있을까. 어찌 그 비어 있음을 차지하고 그곳에 들어앉아 있을 수 있을까. 아무것도 없는 자리에 대한 그 불가능한 탐심과 집착으로 인해 우리는 삶이 괴롭다, 허망하다 말하게 되는 것이다.

그러나 그 비어 있음은 존재와 삶 그 자체가 비어 있다는 이야기가 아니다. 그건 단지 존재와 삶에는 실체로서의 자리가 없다는 뜻일 뿐이다. 존재와 삶은 결코 비어 있지 않다. 오히려 그 자체로 충만한 것이 존재와 삶이다. 실체로서 빈자리를 가득 채우는 것은 다름아닌 온 우주의 인연들이다.

비어 있으면서 충만한 존재와 삶. 금강석은 실체로서 존재와 삶을 깨부순다. 그리고 그 자리를 온갖 인연들로 충만하게 밝힌다. 그 인연들로 인해 이 세계의 모든 것은 존재하고 살아간다. 변치 않는 실체로서 존재의 모습은 없다. 인연장因緣場을 빼고 나면 존재의 자리는 비어 버린다. 하여 이 세계의 존재들, 즉 색色은 공하다.

그러나 비어 있음 또한 비어 있는 실체로서의 어떤 자리가 아니다. 공은 이 색의 세계 너머 어딘가에 존재하는 그런 장소가 아니다. 비어 있음의 공은 오로지 색으로만 자신의 모습을 드러낸다. 존재가 인연 속에서 존재일 수 있듯이, 인연이란 이 세계 각각의 존재들로서만 제 모습을 나타낸다. 하여 공은 색이다. 공을 떠나면 색은 없다. 그러나 색을 떠난 공은 없다. 그러니 공의 세계는 바로 지금 내가 살아가는 이 색의 세계다. 색의 세계를 떠나 공을 구하는 것이야말로 가장 큰 망상이다. 공 또한 공하다. 공과 색을 분별하는 마음, 그래서 공을 또한 실체로 여기는 이 마음이『금강경』이 깨려는 우리의 마지막 어리석음이다.

재밌게도『금강경』은 공을 설하지만, 공이라는 말을 한번도 쓰지 않는다. 아마도 우리가 다시 공을 분별하고 이에 집착하는 일이 없도록 하기 위해서였을 것이다.『금강경』, 우리는 그 소박하고 담박한 이야기들 속에서 공 없는 공의 가르침을 만날 것이다.

2. 비어 있음으로 살기

언젠가 세계적인 첼리스트 장한나의 인터뷰를 TV에서 본 적이 있다. 인터뷰를 하는 사람이 물었다.

"무대에서 표정이 압권인데요. 빠져드는 건 알겠는데, 집중하기 위한 인위적인 표정인지……."

"…… 그런 생각을 할 여유가 없어요. 연주할 때는, 무대 위에 딱 서면 가장 중요한 게, 저 자신을 잊어버리는 것. 나라는 존재를 잊어버려야 좋은 연주가 가능한 거 같아요. 음악에만 집중하는 거죠. 연주할 때 제 손이 뭘 하는지도 몰라요. 그리고 알고 싶지도 않아요. 내 손이 뭘 하는지 생각을 하는 순간 음악하고 하나가 되는 끈을 놓쳐요. …… 제가 음악이 나오는 하나의 통로죠."

놀랍다. 완전히 자신을 잊는 것, 그렇게 자신을 비우고, 첼로의 소리통으로 자신을 내주는 것. 그 비움의 순간에 세계적인 첼로 연주가 나오는 것이었다. 장한나의 비움은 오롯이 그 순간을 살아내는 힘이다. 자신을 비움으로써 무대 위 첼로와의 관계, 그 연주의 시공간에 완전히 자신을 집어넣을 수 있는 힘. 이 힘이 그녀를 누구와 견줄 수 없는 훌륭한 음악가로 만든 것이다. 장한나의 인터뷰는 내게 묻고 있었다. 지금 너의 인연장을, 지금 너의 시공간을 오롯이 살아내고 있냐고.

이는 내가 불교공부를 할 때마다 만나게 되는 물음이었다. 삶의 괴로움은 언제나 저 세계에 시선을 맞추고 사는 우리 마음에서 비롯된다. 지금 여기는 한없이 비루해 보이고, 저기 먼 세계에 삶의 자리가 있을 것 같은. 그러나 저 세계를 구하는 그 마음이 이 삶을 보잘것없게 만든다. 불교의 깨달음은 그 시선을 지금 이 자리로 돌리는 것이며, 지금 이 인연을 오롯이 살아내는 것이다. 무대 위의 장한나가 자신을 비우고 첼로와의 인연을 살아내듯 말이다.

그렇기에 『유마경』維摩經은 세속의 자리를 곧 깨달음의 자리로 삼는 유마힐을 등장시킨다. 방편으로써 몸에 병을 나타낸 유마힐, 그리고 그를 문병하러 가는 부처님의 제자들. 『유마경』은 불교 경전을 처음 접하는 사람도 옛날이야기를 읽듯 재미나고 편안하게 읽을 수 있는 경전이다. 우리는 그 재미와 편안함 속에서 일상의 인연장과 바로 그 자리에서 수행한다는 의미를 알게 된다. 『유마경』은 이를 분별없는, 둘이 아닌 법을 통해 설한다.

『유마경』 다음에 나오는 『백유경』百喩經은 지금 이곳을 살지 못하고 헛된 피안에 대한 열망으로 우리가 저지르게 되는 어리석음을 짧은 우화의 형식을 빌려 보여 준다. 『백유경』이라는 제목은 비유로 된 백 개의 이야기로 이루어진 경전이라는 의미지만, 실제로는 아흔여덟 개의 우화로 이루어져 있다. 각각의 우화들은 마치 한 편의 짧은 개그를 보듯 우리에게 웃음을 유발한다. 그 웃음은 우리의 어리석음을 깨는 하나의 도약이다.

『육조단경』六祖壇經은 중국 선종의 6대 조사인 혜능대사의 이야기다. 혜능대사는 문자를 모르는 무식쟁이다. 그러나 깨달음은 문자의 분별로 이르는 것이 아니다. 문자라는 외물을 좇지 않고, 자신의 마음자리에 수행하고 깨달음에 이른 혜능대사. 깨달으면 중생이 곧 부처라는 의미가 무엇인지 혜능대사의 『육조단경』은 생생하게 보여 준다.

『법구경』法句經은 깨달음의 자리가 바로 지금 내 마음자리라는 것을 상징적인 시구들을 통해 표현한다. 이야기 형식들과 달리 시로 표현된 부처님의 가르침은 간명하게 들어온다. 하지만 그 간명함 안에는 분별을 깨는 깨달음의 울림이 담겨 있다.

그리고 이어지는 『금강경』. 우리는 이제 부처님의 목소리를 직접 만난다. 그 가르침의 크나큰 울림은 분별심을 깨부수며 우리를 지금 이곳의 삶에 진입하도록 이끈다. 그리고 마지막으로, 이 모든 가르침을 받들어 지녀 「법성게」法性偈는 말한다.

하나 가운데 일체의 것이 있고, 그 모든 것 가운데 하나가 있으며, 하나가 바로 일체의 것이요, 그 모든 것이 바로 하나로다. 하나의 티끌 속에 온 우주가 들어 있으며, 모든 티끌마다 또한 그러하네. 헤아릴 수 없이 먼 시간도 곧 한 생각이며, 한 생각이 곧 헤아릴 수 없이 먼 시간이니, 구세와 십세가 서로 같지만 어지러이 뒤섞이지 않고 각각이 제 모습을 이루네.

3. 읽기, 분별심을 깨기

어린 시절, 한글을 막 뗀 어린 내게 유독 신기해 보이던 두 가지가 있었다. 하나는 병원에서 의사 선생님이 진료를 보며 종이에 무언가를 휘갈겨 쓰던 모습이었다. 당최 알아볼 수 없었던 그 꼬부랑 글씨를 동생들과 의사놀이를 할 때면 꼭 따라하곤 했었다.
또 다른 하나는, 한글로 써 있어서 무슨 글씨인지는 알아보겠는데, 그 뜻을 도무지 알 수 없던 책이었다. 그건 어머니가 읽던 불경이었다. 나중에 알게 된 사실이지만, 그 불경은 한자음을 그냥 한글로 따서 옮겨 놓은 것이었다. 어머니는 가끔 그런 불경을 테이프로 틀어놓기도 하셨는데, 책이나 테이프나 알아들을 수 없기는 마찬가지였다. 내게는 둘 모두 '수리 수리 마수리' 하는 주문과 다를 바 없었다.

어머니에게 그 뜻이 무엇인지 물어본 적은 없지만, 난 어머니가 그 뜻을 다 이해하셨을 거란 생각이 들지 않는다. 그럼에도 어머니는 불경을 가까이 두고 읽고 들으셨다. 한때는 그렇게 뜻도 모르는 글들을 곁에 둔다는 게 의미없어 보이기도 했다. 그러나 지금은 그렇게 생각하지 않는다.

불경은 읽는 그 자체로 하나의 수행이다. 불경은 그 내용뿐만이 아니라, 글의 흐름 자체가 분별심을 깨도록 되어 있다. 어찌보면 불경의 내용을 눈으로 보고 머리로 이해하는 것은 부차적일지도 모르겠다. 중요한 것은 그 분별없는 흐름 자체를 몸으로 만나는 것이다.

가만히 생각해 보니, 주문이란 기존의 자신의 몸을 변신시킬 때 외우던 게 아니던가. 불경을 낭송한다는 것은 그런 주문을 외우는 것이리라. 분별로 어두워지고, 실체를 찾는 마음으로 굳어진 몸을 변신시키는 것!

불경을 소리 내어 읽는 동안, 우리는 그 뜻을 이해하기에 앞서 몸의 수행을 하고 있다는 것을 기억하자. 그건 분별하는 일상의 마음자리를 가로지는 선분을 내 신체에 긋는 물리적 작업이다. 그렇게 분별심에 균열을 내는 작업, 이것이 곧 불경 읽기다. 하여 『금강경』은 말한다.

수보리여, 만약 삼천대천세계에 존재하는 모든 수미산들만큼 어떤 사람이 일곱 가지 보배로 보시를 한다 해도, 만약 그 사람이 최고의 바른 깨달음이 담긴 이 경전 가운데 사구게라도 받아 지녀 읽고 외우며, 다른 이들에게 그것을 풀어 주면, 이 복덕에 비해 일곱 가지 보배로 보시한 그 공덕은 백분의 일에도 미치지 못하여, 백천만억분의 일, 아니 표현할 수 있는 그 어떤 수에도 미칠 수 없다.

2014년 9월 2일
남산강학원 연구실에서
신근영

1부
유마경

1-1.
세속의 보살, 유마힐

비사리 성에는 큰 보살이 있었는데, 릿차비족 사람으로 이름은 '유마힐'이라 하였다.

유마힐은 좋은 방편으로 모든 중생들을 성숙시키고자 비사리에 살고 있었다. 유마힐은 다함 없는 재물을 방편으로 가난하며 의지할 데도 믿을 데도 없는 이들을 이롭게 했으며, 청정한 계율을 지킴으로써 금기를 범한 자와 파계한 자들을 구제하고자 하였다. 또한 스스로를 다스리고 인내함으로써 성내는 이, 원한에 사로잡힌 이, 포악한 이, 질투에 빠진 이, 악랄한 이가 그 마음자리를 끊도록 도왔으며, 한 순간도 멈추지 않고 수행에 정진함으로써 게으르고 나태한 자들이 성숙하도록 도왔다. 자신의 몸과 마음을 흔들림 없는 안온한 곳에 둠으로써 모든 산란한 마음들의 평안함을 도모했으며, 바른 결정을 할 수 있는 지혜를 성취함으로써 모든 헛된 생각과 나쁜 지혜를 거두도록 도왔다.

비록 세속의 옷을 입고 있었지만 출가한 이들의 몸가짐과 마음가짐을 갖췄으며, 비록 속세의 집에 머물렀지만 그 어떤 것에도 집착함이 없었다. 처자가 있었지만 항상 청정한 행실을 닦았으며, 거느리는 식구들이 여럿이었으나 그들을 아래 두며 다스리길 원치 않았다. 또한 보배로 장식한 옷을 입었지만 깨달은 자의 몸가짐을 갖추었으며, 음식을 먹고 마시기는 했지만 평정한 마음을 그 맛으로 삼았다. 비록 도박과 바둑 같은 놀이를 즐겼지만 실제로는 중생들을 성숙시키기 위한 것이었으며, 일체 외도의 법도를 따르기는 했지만 불법에 머물며 즐기는 마음을 잃지 않았다. 세속의 책에 실린 이야기에 밝았지만 안뜰에서는 법락을 즐겼고, 언제나 마을 사람들이 회합하는 곳에 모습을 나타냈으나 항상 최고의 설법자로 사람들의 칭송을 받았다.

존귀한 자와 비천한 이를 가르는 세간의 분별을 따르기는 했지만 항상 평등한 마음으로 모든 이들을 대했으며, 세간의 재물을 바라지 않았지만 세속의 이익에 대해 익힌 바가 있었다. 중생을 이롭게 하기 위해 저잣거리에서 노닐었으며, 중생을 보호하기 위해 나랏일을 했고, 강론을 하는 곳에 들어서는 대승으로써 이끌었으며, 학당에 들어서는 모든 어린아이들을 깨우쳤다. 욕망의 허물을 보이기 위해서 음란한 곳에 들었고, 바른 생각과 바른 앎을 세우는 것을 보이기 위해 기생집에서 노닐었다.

1-2.
앉아 있다고 다 좌선은 아니다

어느 날, 유마힐은 방편으로써 몸에 병을 나타내었다. 그러자 국왕, 대신, 장자, 거사, 바라문, 모든 왕자들, 관리들 등 수천의 사람들이 유마힐을 문병하러 왔다. 유마힐은 그들에게 자신의 병을 기회 삼아 법을 설했다.

"어진 이들이여, 이 몸은 강하지도 못하고, 굳세지도 못하며, 힘도 없는 무상한 것입니다. 너무나 빨리 썩기에 믿을 수 있는 것이 아니며, 고통이 되고 번뇌가 되어 모든 병이 모이는 곳입니다. 어진 이들이여, 이러한 몸은 가히 근심덩어리이니, 이 몸에서 벗어나 부처의 몸이 되려는 마음을 내야 합니다. 왜냐하면 부처의 몸이란 빛깔도 형상도 없는 법신法身으로 지혜로부터 생겼기 때문입니다. 부처의 몸은 일체의 착하지 못한 법을 끊고, 모든 착한 법을 좇아 생겨나며, 진실함을 좇아 생겨나고, 깨달음을 구하는 한결같은 마음을 좇아 생겨납니다. 부처의 몸을 얻어 중생의 모든 병을 끊고 싶다면, 그대들은 반드시 최상의 바른 깨달음의 마음을 일으켜야 합니다."

설법을 마친 유마힐은 이런 생각을 했다.

'내가 이렇게 병을 앓아 누워 있으니, 세존께서는 큰 자비심으로 불쌍히 여기실 터인데, 어찌하여 사람을 보내 문병을 시키지 않으시는 걸까?'

부처님은 유마힐의 마음을 아시고 딱하게 여겨 사리불에게 말씀하셨다.

"그대가 유마힐을 찾아가서 문병하여라."

사리불이 말했다.

"세존이시여, 저는 유마힐을 문병하는 일을 감당할 수 없습니다. 그 이유는 이렇습니다. 예전에 제가 숲속 나무 아래서 좌선할 때의 일입니다. 유마힐이 와서 제 발에 머리 숙여 절을 하고는 이렇게 말했습니다.

'사리불이여, 앉아 있다고 해서 다 좌선은 아닙니다. 무릇 좌선이란 몸과 마음이 삼계三界에 나타나지 않는 것을 좌선이라 합니다. 모든 마음 작용이 끊어진 멸진정에 머무르면서도 일상의 예법에 따라 행동거지를 나타내는 것이 좌선이며, 깨달은 경지를 버리지 않고 그 모습 그대로 범부의 일을 나타내는 것이 좌선입니다. 마음이 안에 머무르지도 않고 밖으로 나가지도 않는 것을 좌선이라 합니다. 깨달음을 얻기 위한 서른일곱 가지 수행법을 지키면서도 일체의 견해들을 벗어나지 않는 것을 좌선이라 합니다. 생사를 버리지 않았으나 번뇌가 없으며, 열반에 들더라도 열반에 머물지 않는 것을 좌선이라 합니다. 만약 이렇게 좌선한다면 부처님께서 인가印可하실 겁니다.'

세존이시여, 그때 저는 이 말을 듣고 묵묵히 있었을 뿐, 아무런 대답도 할 수 없었습니다. 하여 저는 유마힐을 뵙고 문병하는 일을 감당치 못하겠습니다."

1-3.
법은 머무는 자리가 없다

부처님께서 대목련에게 말씀하셨다.

"그대가 유마힐을 찾아가서 문병하여라."

대목련이 대답했다.

"세존이시여, 저는 유마힐을 문병하는 일을 감당할 수 없습니다. 이유는 이렇습니다. 예전에 제가 비사리 성에 들어가 거리에서 여러 거사들을 위하여 법의 요체를 설하고 있을 때였습니다. 유마힐이 와서 제 발에 머리 숙여 절을 하고는 이렇게 말했습니다.

'대목련이여, 세속에 있는 거사들에게 법을 설할 때는 존자尊者처럼 해서는 안 됩니다. 무릇 법을 설할 때는 마땅히 법의 도리에 맞게 설해야 합니다.'

그래서 제가, 어떻게 해야 법의 도리에 맞게 설하는 것인지를 물었습니다.

유마힐은 이렇게 답했습니다.

'법은 '나'가 없으니 '나'라는 티끌을 여의었기 때문이고, 법은 중생이 없으니 중생이라는 번뇌를 여의었기 때문이며, 법은 수명이 없으니 생사를 여의었기 때문이고, 법은 생사윤회의 주체가 없으니 과거와 미래를 여의었기 때문입니다. 법은 항상 고요하니 모든 형상의 분별을 끊었기 때문이며, 법은 탐욕과 집착을 벗어났으니 대상에 의지하는 바가 없기 때문입니다. 법은 문자가 없으니 언어가 끊어졌기 때문이며, 법은 비유적으로 표현할 길 없으니 일렁이는 사유의 파도와 멀리 떨어져 있기 때문입니다. 법은 세상 모든 것들에 현현하니 허공과 같기 때문이며, 법은 드러낼 것도 없고 형상과 형체도 없으니 일체 행하고 움직이는 일에서 멀리 떨어져 있기 때문입니다. 법은 '내 것'이 없으니 '내 것'이란 생각을 여의었기 때문이고 법에는 분별하는 인식이 없으니 마음과 의식을 떠났기 때문이며, 법은 비교함이 없으니 상대적인 것이 없기 때문이고, 법은 원인[因]이 속하지 않으니 조건[緣]에 기대어 있지 않기 때문입니다.

법은 존재하는 사물 그대로이니 사물의 참된 모습으로 평등하게 들어가기 때문이며, 법은 있는 그대로를 따르니 따르는 어떤 대상이 없기 때문입니다. 법은 참된 경계에 머무르니 어떤 흔들림도 없기 때문이며, 법은 동요하지 않으니 감각하는 대상에 끄달리지 않기 때문입니다. 법은 오고감이 없으니 머무는 곳이 없기 때문이며, 법은 비어 있어 형상 없음으로 드러나며 원하는 바 없음으로 응하니, 사유를 세우지도 허물지도 않기 때문입니다. 법은 취함도 버림도 없으니 생멸을 여의었기 때문이며, 법은 모든 생각을 갈무리하는 근본의식이 없으니 눈, 귀, 코, 혀, 몸, 뜻을 넘어섰기 때문입니다. 법은 높고 낮음이 없으니 언제나 머무르며 움직이지 않기 때문이며, 법은 분별하여 하는 행위를 떠났으니 모든 쓸데없는 논쟁을 끊었기 때문입니다.

대목련이시여, 법의 모습이 이와 같은데 어찌 법을 설할 수 있겠습니까? 무릇 법을 설하는 것은 설함도 없이, 보일 것도 없이 하는 것이며, 법을 듣는 사람도 들음도, 얻음도 없습니다. 이것은 마치 요술쟁이가 요술로 만든 꼭두각시에게 법을 설하는 것과 같습니다. 이런 마음을 세우고 나서야 비로소 법을 설할 수 있습니다.'

세존이시여, 유마힐이 이렇게 법을 설하자 그곳에 있던 팔백 명의 거사가 최상의 바른 깨달음의 마음을 일으켰습니다. 저는 아무런 말도 할 수 없어서 잠자코 있었습니다. 하여 저는 유마힐을 뵙고 문병하는 일을 감당치 못하겠습니다."

1-4.
평등한 마음

세존께서 가섭파에게 말씀하셨다.

"그대가 유마힐을 찾아가서 문병하거라."

그러자 대가섭파가 말했다.

"세존이시여, 저는 유마힐을 뵙고 문병하는 일을 감당할 수 없습니다. 그 이유는 이렇습니다. 예전에 저는 비사리 성의 가난한 마을에서 탁발을 하고 있었습니다. 그때 유마힐이 와서 제 발에 머리 숙여 절을 하고는 이렇게 말했습니다.

'대가섭이여, 자비심이 있으면서도 평등하게 걸식하지를 못하는군요. 부잣집은 피하고 가난한 집만 걸식하다니 말입니다. 가섭이여, 모든 것이 평등하다는 사실에 마음을 두고 차례차례 걸식해야 하며, 먹지 않기 위해 걸식해야 합니다. 먹는 것에 대한 집착을 끊기 위해 걸식을 해야 하며, 남이 베푸는 음식도 기꺼이 받고자 하기에 걸식해야 합니다.

마을이 텅 비어 있다는 생각으로 마을에 들어가고, 그러면서도 남녀노소 상관없이 모든 이들을 성숙시키겠다는 마음으로 모든 마을을 지나가야 합니다. 부처님의 집을 방문하듯 걸식하는 집에 들어가야 하며, 들어가서는 받지 않기 위해 음식을 받아야 합니다. 형색을 볼 때는 장님이 보듯 봐야 하며, 소리를 들을 때는 메아리처럼 들어야 하며, 냄새를 맡을 때는 바람을 냄새 맡듯 해야 합니다. 음식의 맛은 분별치 않으며, 감촉을 느끼는 것은 지혜로 깨닫듯 해야 합니다. 모든 법은 허깨비 같아서 자체의 고유한 성질인 자성自性이 없으며, 그것과 다른 별개의 성질이 있는 것도 아님을 알아야 합니다. 붙타지 않고, 불타지 않으니 소멸하지도 않는 것이 법입니다.

존자 가섭이여, 만약 여덟 가지 삿됨을 버리지 않은 채 여덟 가지 해탈에 들어갈 수 있다면, 그 삿됨의 평등성을 통해 실상의 바른 평등성으로 들어갈 수 있을 겁니다. 한 그릇 음식을 일체 중생에게 베풀어서 모든 부처님과 성현들에게 공양한 후에 먹도록 해야 합니다. 그러면 번뇌에 물든 것도 번뇌를 떠난 것도 아니며, 선정에 든 것도 선정에서 나온 것도 아니며, 생사에 머물지도 열반에 머물지도 않는 것이니, 이래야만 비로소 먹을 수 있는 겁니다. 존자에게 음식을 베푸는 사람들은 크든 작든 어떤 과보를 받는 일이 없으며, 잃는 것도 얻는 것도 없습니다. 이것이 바로 성문聲聞이 아닌, 부처님의 가르침에 이르는 길입니다. 존자 가섭이여, 이렇게 음식을 먹어야 사람들이 보시한 음식을 헛되이 먹지 않게 되는 겁니다.'

세존이시여, 그때 저는 일찍이 들어 본 적 없는 가르침을 듣고, 모든 보살들을 깊이 공경하는 마음이 일었습니다. 참으로 기이했습니다, 세존이시여. 그와 같은 세속의 거사가 그런 설법과 지혜를 가질 수 있다니 말입니다. 지혜가 있는 사람이라면 그의 설법을 듣고 최상의 바른 깨달음에 대한 마음을 어찌 일으키지 않을 수 있겠습니까? 저는 그때부터 중생에게 성문이나 독각의 길을 권하지 않고, 오직 자신의 마음을 일으켜 최상의 바른 깨달음을 구할 것을 가르쳤습니다. 하여 저는 유마힐을 뵙고 문병하는 일을 감당치 못하겠습니다."

1-5.
존재의 참된 법

세존께서 대가전연에게 유마힐을 찾아가서 문병하라 이르셨다. 그러자 가전연이 유마힐에게 문병가는 일을 감당하지 못하겠다며 이렇게 말했다.

"예전에 부처님께서 비구들을 위해 설법을 하시고 선정에 드시면, 저는 곧바로 부처님의 가르침에 담긴 뜻을 풀어 주었습니다. 부처님의 설법에서 무상은 어떤 것을 말하는지, 고苦란 무엇이고, 공空이란 무엇이며, 무아無我와 적멸寂滅이 무언지를 각각 분별하여 가르쳤던 것입니다. 그런데 그때, 유마힐이 와서 제 발에 머리 숙여 절을 하고는 이렇게 말했습니다.

'가전연이여, 생멸하고 분별하는 마음으로 존재의 참된 법을 설해서는 안 됩니다. 그 이유는 이렇습니다. 모든 법은 과거에 생겨난 것도 아니요, 현재 생기고 있는 것도 아니며, 미래에 새로이 생겨나는 것도 아닙니다. 또한 과거에 사라진 것도 아니요, 현재 사라지고 있는 것도 아니며, 미래에 사라지게 되는 것도 아닙니다. 이것이 바로 무상의 뜻입니다. 육체와 감각, 생각과 의지, 그리고 의식이 모두 공空하다는 사실을 깨달으면, 결국 그 어느 것도 생겨나는 것이 아님을 알게 되기 때문이니, 이것이 바로 고통의 실상입니다. 궁극적으로 일체의 법에는 변하지 않는 고정된 실체가 없기에, 이를 공이라 합니다. '나'[我]와 '나 없음'[無我]이 둘이 아님을 알기에, 이를 무아라 합니다. 그 자체의 고유한 성질도 없으며 그 밖의 다른 종류의 성질도 없는 것은 불타지 않기에 꺼질 수도 없어, 따로 가라앉힐 번뇌도 없는 것이니, 이것이 바로 번뇌로부터 떠난다는 진정한 의미입니다.'

유마힐이 이렇게 법을 설하자 비구들은 모두 번뇌가 소멸되어 해탈하였습니다. 세존이시여, 그때 저는 아무 말도 하지 못하고 그저 묵묵히 있어야 했습니다. 하여 저는 유마힐을 뵙고 문병하는 일을 감당치 못하겠습니다."

1-6.
잘못을 꾸짖는 법

세존께서 다시 우바리에게 말씀하셨다.

"그대가 유마힐을 찾아가서 문병하거라."

우바리가 대답하였다.

"세존이시여, 저는 유마힐을 뵙고 문병하는 일을 감당할 수 없습니다. 그 이유는 이렇습니다. 일전에 계율을 범한 두 비구가 있었습니다. 그들은 부끄러운 마음에 차마 부처님을 찾아뵙지 못하고 제게 와서 절을 하고는 이렇게 말했습니다.

'우바리여, 지금 우리들은 계율을 범해 진실로 부끄러워하고 있습니다. 그래서 감히 부처님께 여쭙지 못하고 있으니, 바라건대 이 불안과 걱정을 없애서 허물을 벗게 해주십시오.'

저는 즉시 두 비구가 불안과 걱정에서 풀려나 잘못을

씻을 수 있도록 바른 법을 설해 주었습니다. 그때, 유마힐이 와서 제 발에 머리 숙여 절을 하고는 이렇게 말했습니다.

'우바리여, 두 비구들의 죄를 더욱 무겁게 만들지 마십시오. 그들의 근심하고 후회하는 마음을 곧바로 사라지게 해야지, 그들이 범한 행동을 가지고 마음을 어지럽혀서는 안 됩니다. 왜 그렇겠습니까? 그 죄의 성품은 안에 머물지도, 밖으로 나가지도, 또 그 둘 사이에 있지도 않기 때문입니다. 부처님께서 말씀하셨습니다. 마음이 오염되었기에 중생이 오염된 것이며, 마음이 청정하기에 중생이 청정하다고 말입니다. 이처럼 마음이란 안에도, 밖에도, 중간에도 있지 않습니다. 마음이 이와 같다면, 죄 또한 마찬가지 아니겠습니까? 그리고 죄가 이러하다면, 모든 법 또한 마찬가지 아니겠습니까? 이 모든 것이 존재의 실상에서 벗어나지 않는 것입니다. 우바리여, 본래 그대 마음은 청정하여 해탈되어 있습니다. 그 청정한 본래의 마음이 오염된 적이 있습니까?'

제가 '없습니다'라고 답하니, 유마힐이 다시금 말했습니다.

'우바리여, 일체 중생의 마음도 이와 마찬가지입니다. 중생의 마음은 본래부터 청정해서 오염된 적이 없습니다. 우바리여, 분별이 있는데 이 분별과 다른 분별이 있으면 번뇌가 있는 것입니다. 만약 분별이 있는데 이 분별과 다른 분별이 없다면, 이를 청청한 마음의 본성이라 합니다. 전도된 것이 바로 번뇌이며, 전도된 것이 없으면 마음의 본성이 청정한 것입니다. 만약 자아를 취한다면 오염된 마음이며, 자아를 취하지 않는다면 이는 청정한 마음입니다.

우바리여, 모든 법은 생멸하며 머물지를 않나니, 허깨비 같고 환영 같으며 번개 같고 구름 같은 것이 일체법의 성품입니다. 일체법은 무상하여 한 순간도 머물지를 않습니다. 모든 법이 망령된 견해이니, 꿈과 같고 불꽃과 같으며 신기루 같습니다. 모든 법이 분별심이니, 분별심에서 생긴 영상은 물에 비친 달과 같고, 거울에 비친 모습과 같습니다. 이처럼 일체법은 마음이 지은 것입니다. 이를 잘 아는 것이 계율을 가지는 것이며, 이 계율을 잘 지키는 것이 나쁜 마음을 항복시키는 것입니다.'

그때, 저를 찾아왔던 두 비구는 일찍이 들어 본 적 없는 이런 가르침을 듣고 이렇게 말했습니다.

'기이하군요. 거사가 이처럼 뛰어난 지혜와 말솜씨를 가지고 있다니. 부처님께서는 계율을 가장 잘 지키는 이가 우바리님이라 하셨지만, 우바리님조차 설할 수

없는 가르침입니다.'

저는 그들에게 곧 말했습니다.

'그대들은 그분을 세속의 거사로 여겨서는 안 됩니다. 여래를 제외하고는 어떤 성문과 보살도 이 대사의 지혜와 말솜씨를 이길 수 없기 때문입니다. 이처럼 그분의 지혜와 말솜씨는 탁월합니다.'

그러자 두 비구의 근심과 후회는 곧바로 사라졌으며, 최상의 바른 깨달음의 마음을 일으켰습니다. 그들은 유마힐에게 절을 올리고는 서원을 세웠습니다.

'중생들 모두 마땅히 이와 같은 뛰어난 지혜와 말솜씨를 얻게 되기를 바라옵니다.'

그때 저는 묵묵히 있었을 뿐, 아무런 대꾸도 할 수 없었습니다.

세존이시여, 그때 저는 일찍이 들어 본 적 없는 가르침을 듣고, 모든 보살들을 깊이 공경하는 마음이 일었습니다. 하여 저는 유마힐을 뵙고 문병하는 일을 감당치 못하겠습니다."

1-7.
바른 진리에서의 즐거움

악마 파순이 일만 이천 명의 천녀들을 데리고 제석천왕*의 모습으로 풍악에 맞춰 노래를 부르며 지세持世보살을 찾아 왔다. 지세보살은 그 제석천왕이 악마 파순인 것을 모르고 파순을 맞아들였다. 그러자 파순은 절을 하며, 천녀들을 거두어 달라고 지세보살에게 말했다. 그러나 이 말을 들은 지세보살은 법다운 선물이 아니라며 천녀들을 거절했다.

이때, 유마힐이 나타나 지세보살의 발에 머리 숙여 절을 하고 말했다.

"그는 제석천왕이 아닙니다. 악마 파순이 존자를 속

---

* 도리천에 살면서 삼십삼천과 사천왕을 통솔하는 신들의 왕으로서, 불법과 불법에 귀의하는 사람을 보호하며 아수라의 군대를 정벌함.

이고 있는 것입니다."

그러고는 악마 파순에게 말했다

"그대는 이 천녀들을 내게 보시하시오. 나는 흰 옷을 입는 세속의 사람으로, 사문이 아니니 받아도 되오."

놀라고 두려움에 떨던 파순은 도망가 몸을 숨기려고 온갖 방편을 썼으나 도망갈 수 없었다. 그때 허공에서 소리가 들려왔다.

"파순아, 천녀들을 유마거사에게 보시해야 비로소 하늘로 돌아올 수 있느니라."

악마 파순은 그 말을 듣고 천녀들을 유마힐에게 주었다. 유마힐은 천녀들에게 깨달음에 이르는 지혜를 설법했다. 천녀들은 유마힐의 설법을 듣고 모두 깨달음의 길에 들어서게 되었다. 그 천녀들에게 유마힐이 말했다.

"자매들은 이미 깨달음의 마음을 일으켰습니다. 이제는 큰 법의 뜰인 대법원大法苑에서 스스로 즐길 뿐, 오욕에 이끌린 쾌락을 즐겨서는 안 됩니다."

천녀들이 물었다.

"거사시여, 대법원의 즐거움이란 무엇입니까?"

유마힐이 대답했다.

"대법원의 즐거움이란 부처님의 파괴되지 않는 청정한 즐거움이요, 올바른 진리를 곁에 두는 즐거움이며, 깨달음의 수행에 든 이들을 공경하여 섬기는 즐거움입니다. 고통의 바다인 윤회의 세계를 영원히 벗어나는 즐거움이며, 어떤 조건에 머물거나 의지하지 않는 즐거움입니다. 끊임없이 변하여 그 자취가 없는 몸과 마음을 살인자처럼 바라보는 즐거움이며, 마음이 일어나는 것과 그 마음에서 생겨나는 대상들을 독사로 여기는 즐거움이며, 모든 감각기관과 이로부터 생겨나는 감각들을 비어 있는 마을처럼 바라보는 즐거움입니다.

깨달음의 마음을 늘 지키는 즐거움이며, 보시를 하되 탐욕을 떠나는 즐거움이고, 청정한 계율을 지켜 마음에 사나움과 게으름이 없는 즐거움이며, 욕망을 절제하면서도 그 욕망을 따르며 화합하는 즐거움이고, 부지런히 수행함으로써 좋은 업을 짓는 즐거움입니다. 선정에 들어서는 흔들림이 없는 즐거움이요, 반야의 지혜를 통해 어리석음에서 벗어나는 즐거움이며, 나날이 깨달음을 키워 가는 즐거움입니다. 모든 삿된 마음을 제압하고 모든 번뇌를 소멸시키는 즐거움이요, 불국토를 청정히 하는 즐거움이며, 부처의 몸을 성취하고자 온갖 공덕을 쌓는 즐거움입니다.

깊은 진리를 듣고 두려워하지 않는 즐거움이요, 해탈에 드는 세 가지 길을 바르게 관찰하는 즐거움이며,

깨달음에 이르길 서원하지만 때에 맞지 않으면 해탈
하지 않는 즐거움입니다. 같은 부류의 중생에 대해서
는 그 공덕을 살펴 항상 가까이 하는 즐거움이요, 다
른 부류의 중생에 대해서는 그 허물을 보지 않아 미
워하고 원망하지 않는 즐거움이고, 착한 벗을 가까이
하는 즐거움이며, 나쁜 벗은 보호해 주고픈 즐거움입
니다.

오묘한 방편을 잘 받아들이는 즐거움이며, 모든 진리
를 기쁜 마음으로 믿는 즐거움이고, 마음을 하나로
모아 모든 깨달음의 진리를 부지런히 닦아 익히는 것
이 최상의 오묘한 즐거움입니다. 자매들이여, 이것들
이 보살이 누리는 대법원의 즐거움으로, 모든 큰 보
살들은 이 즐거움에 머문답니다. 여러분들도 이런 것
들을 즐거움으로 삼아야지, 오욕의 쾌락을 즐거움으
로 삼아서는 안 됩니다."

1-8.
중생이 아프니, 저도 아픕니다

그때, 유마힐이 마음속으로 생각했다.

'지금 문수사리가 모든 대중과 함께 문병을 오고 있구나. 내 신통력으로 방 안에 있는 모든 세간을 치우고, 모든 시중들과 문지기들을 물리쳐야겠다. 그렇게 침상 하나만 두고 병든 모습으로 누워 있으리라.'

이런 생각을 한 유마힐은 곧 큰 신통력을 펼쳐 모든 것을 물리치고 침상 하나만이 남은 방에 앓으며 누워 있었다.

이때, 문수사리가 모든 대중들과 함께 그 방으로 들어섰다. 문수사리는 살림살이가 없는 텅 빈 방에 시중과 문지기도 없이 홀로 누워 있는 유마힐을 보았다. 문수사리를 본 유마힐은 큰 소리로 말했다.

"잘 오셨습니다. 오지 않고 오시며, 보지 않고 보시고,

듣지 않고 들으십니다."

문수사리가 말했다.

"그렇습니다, 거사시여. 이미 온 사람은 올 수 없으며, 이미 간 사람은 갈 수 없습니다. 왜냐하면 이미 오지 않은 사람만이 올 수 있으며, 이미 가지 않은 사람만이 갈 수 있기 때문입니다. 이미 본 사람은 본다고 할 수 없고, 이미 들은 사람은 듣는다고 할 수 없습니다."

그러고는 문수사리가 안부를 물었다.

"거사여, 고통은 견딜 만한지, 생명에는 지장이 없는지, 몸의 기운은 조화로운지, 병은 치료될 수 있는지, 병은 더 깊어지지 않는지, 세존께서 간절한 마음으로 물으셨나이다.

거사여, 병은 조금이라도 차도가 있습니까? 몸의 움직임과 기운은 편안해지고 있습니까? 이 병은 어디서 일어났으며, 얼마나 오래되었고, 어떻게 없애야 합니까?"

유마힐이 대답했다.

"모든 중생의 어리석음과 삶에 대한 애착이 오래되었듯, 이 병 또한 생긴 지 오래되었답니다. 멀리 과거에서부터 생사를 거치면서 중생이 병들었기에, 저도 병이 든 것입니다. 그렇기에 중생의 병이 나으면, 저도 따라서 병이 나을 겁니다. 왜냐하면 보살은 중생을 위해 생사에 들었으며, 생사에 든 그 이유로 인하여 병이 있기 때문입니다. 만약 중생이 병과 고통을 여읜다면, 모든 보살들 또한 다시는 병들지 않을 겁니다.

비유컨대, 오직 한 아들을 가진 부모가 그 아들을 지극한 마음으로 사랑하는 것과 같습니다. 그 부모는 아이를 보는 기쁨으로 잠시도 아이를 떼어 놓지 않을 겁니다. 아이가 병들면 부모도 병들고, 아이가 나으면 부모도 낫습니다. 보살 또한 마찬가지입니다. 모든 중생을 하나 있는 아들처럼 사랑합니다. 중생이 병들면 보살도 병들며, 생명 있는 모든 중생의 병이 나으면 보살 또한 낫습니다.

또 병이 어디서 일어났는지 물으셨습니까? 보살의 병은 바로 대비심에서 일어났습니다."

1-9.
세속, 해탈의 자리

문수사리가 물었다.

"유마거사여, 어찌해서 이 방은 텅 비어서 시중을 드는 사람이 한 명도 없습니까?"

유마힐이 말했다.

"일체의 불국토가 원래부터 비어 있습니다."

"어째서 비어 있습니까?"

"그 본성이 비어 있기에 비어 있습니다."

그러자 문수사리가 다시 물었다.

"이 비어 있음은 어떤 비어 있음입니까?"

"아무런 분별도 없는 비어 있음이지요."

"그렇다면 그 비어 있음을 가히 분별할 수 있는지요?"

"이렇게 분별하는 것 또한 비어 있는 것입니다. 비어

있음이란 분별할 수 없음을 비어 있음으로 삼기 때문입니다.”

“이런 비어 있음을 어떻게 찾아야만 하는지요?”

“다름 아닌 육십이견六十二見* 가운데서 찾아야만 합니다.”

“육십이견은 어떻게 구해야만 하는지요?”

“모든 부처님의 해탈 가운데서 구해야만 합니다.”

“그럼, 모든 부처님의 해탈은 어디에서 찾아야 하는지요?”

“모든 중생들의 마음과 행동 가운데서 찾아야 합니다. 문수사리께서는 제게 시중이 없는 이유를 물으셨습니다. 그러나 일체의 악마와 외도가 모두 제 시중들입니다. 일체의 악마는 생사를 즐기고, 일체의 외도는 여러 견해를 즐기는데, 보살은 그 가운데 머물며 생사와 견해를 버리지 않기 때문이지요. 그렇기에 모든 악마와 외도가 제 시중들입니다.”

---

* 본래는 석가 세존 당시 창궐한 이교도의 사상을 총칭. 나중에는 자기와 세계에 관한 모든 잘못된 견해를 말하는 일반적 용례로 쓰임.

1-10.
병든 사람을 위로하는 법

문수사리가 물었다

"거사의 병은 어떤 모습을 하고 있습니까?"

"제 병은 아무런 형상을 지니고 있지 않아 볼 수가 없습니다."

"거사의 병은 몸에 든 병입니까, 아니면 마음에 든 병입니까?"

"제 병은 몸에 속하지 않습니다. 왜냐하면 몸의 형상을 갖지 않기 때문입니다. 그러나 한편으로 제 병은 몸에 속하기도 하는데, 이 병이 거울에 비친 상과 같기 때문입니다. 또한 제 병은 마음에도 속하지 않는데, 마음의 형상을 갖지 않기 때문입니다. 그러나 한편으로 제 병은 마음에 속하기도 하는데, 이 병이 마치 환상과 같은 것이기 때문입니다."

문수사리가 다시 물었다.

"보살은 어떻게 병든 보살을 위로해야 합니까?"

유마힐이 말했다.

"몸의 무상함을 보여 주되, 몸을 싫어하여 떠나기를 권해서는 안 됩니다. 몸이 고통임을 보여 주되, 열반에 머물러 즐기라고 권해서는 안 됩니다. 몸에 '나'라는 것이 없음을 보여 주되, 중생을 성숙시키라고 권해서는 안 됩니다. 몸은 텅 비어 있어 고요함을 보여 주되, 오직 적멸만을 수행하라 권해서도 안 됩니다. 지은 죄를 뉘우치도록 권하되, 그 죄가 생사윤회 속에서 이전移轉된다 이야기하지 말아야 합니다. 자신의 병을 통해 중생에 대한 가여운 마음을 일으켜 중생의 아픔을 사라지게 하도록 권하며, 이제까지 받은 온갖 고통들을 통해 중생을 이롭게 하라 권해야 합니다. 또한 한량없는 선의 뿌리를 닦은 것을 기억해 청정한 삶을 살아갈 것을 권하여, 놀라거나 두려워하지 말고 부지런히 힘써 몸과 마음에 든 모든 병을 완전히 없애겠다는 서원을 일으키도록 권해야 합니다. 보살은 마땅히 이렇게 위로해, 병든 보살이 기쁜 마음을 내게 해야 합니다."

1-11.
병든 보살이 마음을 다스리는 법

문수사리가 말했다.

"병든 보살은 어떻게 자기 마음을 다스려야 합니까?"

유마힐이 말했다.

"병든 보살은 지금 자신의 병이 모두 전생의 허망한 전도와 분별하는 번뇌에서 비롯되었다고 생각해야 합니다. 몸에는 이 병을 받을 수 있는 자리가 없습니다. 그러니 대체 누가 이 병을 받는다 할 수 있겠습니까?

왜 그렇겠습니까? 사대四大: 땅, 물, 불, 바람가 합쳐져 잠시 하나의 몸을 이루는데, 그 사대 가운데에는 실체라 할 것이 없기 때문입니다. 이와 같이 '나' 없는 몸에 병이 든다면, 그것은 모두 '나'에 집착하는 마음에서 말미암은 것입니다. 그렇기에 사대 가운데에 '나'

라는 집착을 일으켜서는 아니 되며, 이 집착이 병의 근원임을 분명히 알아채야 합니다.

병든 보살은 '나'란 법이 뒤바뀌어 일어난 것이며, 이 뒤바뀜이 곧 큰 병임을 정확히 알아야 합니다. 하여 '나'라는 것을 반드시 없애야 하는 겁니다. 모든 중생에게서도 또한 이런 큰 병을 없애야 합니다.

어떻게 해야 이런 큰 병을 없애겠습니까? '나'와 '내 것'이라는 집착을 끊어야 합니다.

어떻게 해야 '나'와 '내 것'이라는 집착을 끊겠습니까? 내적인 법과 외적인 법에서 떠나야 합니다.

내적인 법과 외적인 법을 떠난다함은 무슨 의미이겠습니까? 내적으로나 외적으로 어떤 움직임도 일어나지 않게 하는 겁니다.

내적으로도 외적으로도 움직임이 일어나지 않게 함은 어떤 것일까요? 평등하고 흔들리지 않는 마음자리이며, 보아야 할 어떤 것도 없음을 보는 것입니다.

무엇이 평등함일까요? '나'와 열반이 둘이 아님이 평등함입니다. 왜 그렇겠습니까? '나'와 열반이 그 본성에 있어 모두 비어 있기 때문입니다.

이렇게 둘이 아니라면, 비어 있음이란 무슨 의미일까요? 단지 그 이름을 빌려 비어 있다 말할 뿐입니다.

이처럼 나와 열반을 실체가 아닌 평등한 것으로 보게

되면, 이제 다른 병은 모두 사라지고, 비어 있음에 집착하는 병만 남게 됩니다. 그러니 이 비어 있음 또한 비어 있음으로 보아야 합니다. 왜냐하면 비어 있는 병 역시 그 근본에 있어서는 비어 있기 때문입니다.

병든 보살은 어떤 것도 지각하지 않으며 모든 감각을 알아채야 합니다. 불법을 아직 원만하게 성취하지 못했다 하더라도, 지각을 끊어 열반을 취해서는 안 됩니다. 반드시 지각하는 주체와 지각된 대상의 모든 형상을 여의어야 하는 겁니다. 만일 몸에 고통이 찾아들면, 그 고통으로부터 나쁜 길에 든 중생을 가엾이 여기는 마음을 내십시오. 이런 큰 자비의 마음을 일으켜 중생들의 고통을 없애 주어야 합니다.

병든 보살은 자기 병을 없애면, 반드시 중생의 병 또한 없애 주어야 한다고 생각해야 합니다. 이렇게 자신과 다른 이들의 병을 사라지게 했을 때에만, 어떠한 병도 남지 않을 겁니다. 병이 일어난 그 인연을 바르게 보아 곧바로 없앨 수 있게 바른 법을 설해야 합니다.

1-12.
분별을 떠난 법, 불이법문不二法門

유마힐이 그곳에 있는 보살들에게 물었다.

"보살이 모든 대립과 차별을 넘어 절대적인 평등의 경지인 불이不二의 법문法門에 깨달아 들어가려면 어떻게 해야 합니까? 보살님들 각자 생각하시는 바를 편히 말씀해 주십시오."

그러자 대중 속에 있던 보살들이 제각기 내키는 대로 차례로 말했다.

제일 먼저 이야기한 보살은 법자재法自在 보살이었다.

"생生과 멸滅을 서로 다른 둘이라 합니다. 그러나 모든 법이 그 근본에 있어 생성하는 바가 없다는 것을 깊이 알게 되면, 소멸 또한 없는 것입니다. 이와 같이 생성하지도, 멸하지도 않는 진리를 깨쳐 흔들림 없는 마음에 머무는 것, 이것이 바로 불이법문에 깨달아 들어가는 것입니다."

이번에는 승밀勝密 보살이 말했다.

"'나'와 '내 것'을 분별하여 서로 다른 둘이라 합니다. 그러나 '나'라는 생각을 짓기 때문에 홀연 '내 것'이라는 생각이 들게 되는 겁니다. 만약 '나'라는 것이 없음을 이해하면, '내 것' 또한 없게 됩니다. 이것이 바로 불이법문에 깨달아 들어가는 것입니다."

승봉勝峰 보살이 말했다.

"더럽고 오염된 것과 청정한 것을 분별하여 서로 다른 둘이라 합니다. 그러나 더럽고 오염된 것과 청정한 것이 둘이 아님을 환히 알게 되면, 분별이 사라집니다. 이렇게 영원히 분별을 끊어 적멸의 길을 따르는 것, 이것이 바로 불이법문에 깨달아 들어가는 것입니다."

조순혜調順惠 보살이 말했다.

"생사와 열반을 분별하여 서로 다른 둘이라 합니다. 그러나 생사는 본래 공空하여 비어 있기 때문에, 생사를 윤회하는 일도 없고, 적멸도 없음을 환히 알게 되면 불이법문에 들어가는 것입니다."

희견喜見 보살이 말했다.

"색色, 수受, 상想, 행行, 식識의 오온五蘊과 비어 있음의 공空을 서로 다른 둘이라 합니다. 그러나 오온이 본래 텅 비어 있기에, 색이 곧 공인 것이지, 색을 멸하여 공이 되는 것이 아니며, 수, 상, 행, 식 역시 그러합니다. 이를 아는 것이 바로 불이법문에 깨달아 들어가는 것입니다."

화엄華嚴 보살이 말했다.

"일체의 두 가지 법은 모두 '나'로부터 일어납니다. 그러나 '나'의 진실한 본성을 안다면, 둘이라는 생각이 일어나지 않습니다. 이렇게 둘이라는 생각이 일어나지 않기에 분별함이 없고, 분별함이 없기에 분별하는 대상도 없게 됩니다. 이것이 바로 불이법문에 깨달아 들어가는 것입니다."

보살들이 돌아가며 각자 아는 바대로 말을 마쳤다. 그러고는 문수 보살에게 물었다.

"보살이 불이의 법문에 깨달아 들어간다는 것은 어떤 것입니까?"

문수사리가 보살들에게 말했다.

"지금까지 그대들이 한 말은 모두 훌륭합니다. 그러나 제 생각을 말하자면, 그대들의 이야기에는 여전히 둘이라는 말이 남아 있습니다. 만약 보살이 모든 법에 대해 설할 것도, 보여 줄 것도, 그리고 가르칠 것도 없음을 알면, 모든 어리석은 논쟁에서 벗어나고 일체 분별도 끊게 됩니다. 이것이 바로 불이법문에 깨달아 들어가는 것입니다."

그러고는 문수사리가 유마거사에게 물었다.

"우리 모두 각자 생각대로 불이법문에 대해 말했습니다. 이제 거사의 차례이십니다. 보살이 불이의 법문에 깨달아 들어간다는 것은 어떤 것입니까?"

유마힐은 아무 말도 않고 침묵을 지킬 뿐이었다. 그러자 문수사리가 말했다.

"참으로 훌륭하십니다. 보살은 바로 그렇게 불이법문에 깨달아 들어갑니다. 거기에는 어떤 언어와 문자의 분별도 없습니다."

이렇게 법을 설하자, 그곳에 있던 오천 보살들이 모두 불이법문을 깨달아 들어가 무생법인無生法忍을 얻었다.

1-13.
두 종류의 음식

사리자가 이렇게 생각했다.

'식사시간이 되었는데, 이 대보살들은 계속해서 법을 설할 뿐, 일어날 생각을 하지 않는구나. 우리 성문들과 보살들은 언제 식사를 할까?'

그때, 유마힐이 사리자의 생각을 알고 말했다.

"대덕大德이시여, 여래께서는 모든 성문들을 위해 여덟 가지 해탈을 말씀하셨습니다. 존자께서는 이미 그경지에 머무시니 물질적인 먹을 것으로 마음을 오염시키지 마시고 바른 진리를 들으십시오. 만약 음식이 먹고 싶다면 잠시 기다리십시오. 일찍이 먹어 보지못한 음식을 드리겠습니다."

유마힐은 곧 미묘하고 고요한 선정에 들어 뛰어난 신통력으로 모든 보살과 대성문들에게 다음과 같은 모습을 보여 주었다.

이 불국토 위로는 마흔두 개의 갠지스 강에 있는 모래알만큼의 부처님 세계가 있다. 이 세계들을 지나면 '일체묘향'이라는 향기의 세계가 있는데, 그곳에는 향적香積 부처님이 계신다.

그 세계는 미묘한 향기가 있는데, 모든 불국토와 하늘 사람들의 향기도 이에 미치지 못한다. 그곳의 모든 나무들은 미묘한 향기를 뿜고 있어, 그 향기는 모든 곳으로 퍼져 두루 가득하다. 그곳에는 대승과 소승을 구분하는 이름이 없으며, 오직 청정한 큰 보살 대중들이 있어, 여래께서는 그들을 위해 가르침을 펼치신다.

그 세계에 있는 모든 누각과 궁전, 거리, 숲, 의복은 오묘한 향기로 이루어진 것이다. 그곳의 세존과 보살 대중이 먹는 이 향기는 미묘하기 그지없어, 한량없는 불국토에 널리 퍼져 있다.

그때, 향적 여래와 모든 보살들이 함께 앉아 식사를 하고 있었다. 그 중에는 '향엄'香嚴이라는 하늘 사람이 있었는데, 그는 대승의 마음을 깊이 내어서 그 불국토의 여래와 보살들을 공양하며 살고 있었다.

유마힐과 함께 있던 모든 대중들은 향적 여래와 보살들이 이처럼 함께 모여 식사하는 모습을 보았다.

유마힐은 모든 보살 대중에게 물었다.

"여러 대사들 중 어떤 분이 저 곳에 가서 미묘한 향기의 음식을 가져 올 수 있습니까?"

문수사리의 위신력威神力 때문에 모든 보살들은 침묵했다. 하여 유마힐이 문수사리에게 말했다.

"어찌하여 존자께서는 이 대중들이 음식을 가져오도록 도와주시지를 않는겁니까?"

문수사리가 말했다.

"거사여, 보살들을 경시해서는 안 됩니다. 부처님께서 말씀하시길, 아직 배우지 못한 이들을 가볍게 여기지 말라 하셨습니다."

그때, 유마힐은 침상에서 일어나지 않은 채, 대중들 앞에서 보살의 화신化身을 만들었다. 그 화신 보살의 몸은 금빛이었으며, 그 몸가짐의 장엄함과 덕의 위엄은 그곳에 있던 모든 대중들을 압도했다. 유마힐은 그 화신 보살을 향적 여래가 계신 세계로 보내 그 미묘한 향기의 음식을 가져오도록 했다.

1-14.
차별없는 청정한 불국토

그때, 일체묘향 세계에 있던 보살들은 이 화신 보살의 몸가짐이 장엄하고 그 덕의 뛰어남과 미묘함에 찬탄하여 말했다.

"이 대사는 어디에서 왔으며, 이 보살이 말하는 사바세계는 어디에 있습니까? 어찌하여 그곳을 욕망의 쾌락을 좇는 세계라고 말하는 것입니까? 향적 여래께 묻사오니, 이에 대해 말씀해 주시옵소서."

향적 여래께서 말씀하셨다.

"선남자들이여, 이 불국토에서 아래로 마흔두 개의 갠지스 강의 모래만큼의 세계가 있다. 그 세계들을 지나면 하나의 부처님 세계가 나오니, 그곳을 사바세계라 일컫는다. 그 세계의 부처님 이름은 석가모니 여래로, 지금 그곳에서 평온하게 머물고 계신다. 석가모니 여래는 그 더러움으로 가득한 세계에서 욕망의 쾌락을 즐기는 중생들을 위해 바른 법을 펼치시고 있다.

그곳에는 또한 유마힐이라는 이름의 보살이 있는데, 불가사의한 해탈의 법문을 얻어 모든 보살들을 위해 오묘한 법을 열어 보이고 있다. 유마힐은 이 화신 보살을 이곳에 보내, 나의 몸과 공덕과 명호를 칭송하고, 또한 이 불국토가 온갖 공덕으로 가득함을 찬탄하여 그곳에 있는 보살들의 선근을 증진시키고자 하는 것이다."

그러고 나서 향적 여래께서는 온갖 묘한 향기가 흘러나오는 그릇에, 온갖 묘한 향기가 풍겨나오는 음식을 가득 담아서 유마힐이 보낸 보살에게 건네 주셨다.

그때, 일체묘향 세계의 구백만 큰 보살들이 한 목소리로 향적 여래께 청했다.

"저희들은 이 화신 보살과 함께 저 아래의 사바세계로 가서, 석가모니 여래를 뵙고, 경건히 예를 드리며 공양을 하고, 바른 가르침을 듣고 싶습니다. 또한 유마힐과 여러 보살들도 뵙고 경건히 예를 드리며 공양을 하고 싶습니다. 바라옵건대, 세존께서는 저희들의 청을 허락해 주십시오."

향적 여래께서 말씀하셨다.

"선남자들이여, 그대들이 가고자 한다면, 바로 지금이 좋은 기회다. 그러나 그대들은 그대들 몸의 향기를 거두고 사바세계에 들어가야 한다. 그럼으로써 그곳 중생들이 그대들의 향기에 취해 마음이 산란해지도록 하지 말아야 한다. 그대들은 또한 그 형색 또한 가리고 사바세계에 들어가야 한다. 이는 그곳의 보살들에게 부끄러운 마음이 일어나지 않게 하기 위해서다. 또한 그대들은 저 사바세계에 대해 경멸하는 마음을 일으켜 생각에 걸림을 만들지 말아야 한다. 왜냐하면 선남자들이여, 모든 불국토가 허공과 같기 때문이다. 모든 부처 세존께서는 모든 중생들을 성숙시키고자, 중생들이 즐기는 것을 따라 불국토를 나타내보인다. 하여 어떤 불국토는 오염되어 있기도 하고, 어떤 불국토는 청정하기도 하다. 이처럼 불국토란 결정된 모습이 없지만, 모두 청정하여 차별이 없는 것이다."

1-15.
다함없는 법의 음식

돌아온 화신 보살이 음식이 가득한 그릇을 유마힐에게 주었다. 그 음식의 미묘한 향기가 비사리 성과 삼천대천세계에 널리 퍼졌다. 한량없는 향기가 모든 경계를 넘어 퍼졌으니, 일체 세계에 향기가 진동했다. 유마힐이 존자 사리불을 비롯해 여러 성문들에게 말했다.

"존자들이여, 여래께서 베푼 감로맛의 음식을 드셔 보십시오. 이 음식은 크나큰 자비로 훈제한 것이니, 조금이라도 졸렬한 마음으로 이 음식을 먹어서는 안 됩니다. 만일 그런 마음으로 먹게 되면, 결코 소화시킬 수 없을 겁니다."

그때, 대중들 중 근기가 낮은 성문이 이런 생각을 일으켰다.

'이 음식은 너무 적지 않은가. 어떻게 이것으로 대중들이 모두 먹을 수 있단 말인가.'

그러자 화신 보살이 말했다.

"존자들께서는 자신의 낮은 복덕과 지혜로 여래의 한량없는 복덕과 지혜를 가늠해서는 안 됩니다. 왜냐하면 이 세계에 있는 모든 바닷물이 마른다 해도, 이 미묘한 향기의 음식은 결코 다함이 없기 때문입니다. 이를테면 한량없는 대천세계의 모든 중생 하나하나가 이 음식을 먹는데, 그 음식을 합하면 수미산에 이르고, 일 겁이나 일백 겁이 흘러도 이 음식은 떨어지지 않습니다. 왜냐하면 이와 같은 음식은 여래께서 태어난 자리인, 다함없는 계율, 선정, 지혜, 해탈, 그리고 해탈을 성취했다는 자각에서 나왔기 때문입니다. 여래께서 깨달음의 자리에서 드시던 이런 향기의 음식은 모든 중생들이 백천 겁 동안 먹는다 해도 끝내 다할 수 없습니다."

그리하여 대중들이 모두 이 음식을 먹고 충만함을 얻었으나, 오히려 음식에 남음이 있었다. 그때, 모든 성문들과 보살들, 그리고 하늘 사람들과 그곳에 모인 대중들이 이 음식을 먹고 몸의 평안함과 즐거움을 얻었다. 이는 마치 일체 안락장엄의 세계에 있는 보살이 평안함과 즐거움에 머무는 것과 같았다. 또한 대중들 몸의 모든 털구멍에서는 미묘한 향기가 나왔는데, 비유하자면 미묘한 향기의 세계에서 자라는 온갖 향기 나무들이 가지각색의 미묘한 향기를 한량없이 뿜어내는 것과 같았다.

1-16.
법의 한량없는 문

그때, 유마힐이 윗세계에서 온 모든 보살들에게 물었다.

"일체묘향의 그 세계에서는 어떻게 여래께서 보살들에게 설법을 하시는지 알려주시겠습니까?"

보살들이 모두 함께 대답했다.

"우리 세계의 여래께서 보살들을 위해 설법하실 때는 문자나 언어를 사용치 않으십니다. 오직 미묘한 향기로써 모든 보살들을 조복調伏하게 합니다. 보살들은 저마다 묘향나무 아래 편안히 앉아, 그 나무에서 흘러나오는 온갖 미묘한 향기를 맡습니다. 그러면 문득 일체 공덕으로 장엄된 선정을 얻게 되고, 곧 일체 보살의 공덕을 갖추게 됩니다."

이번에는 윗세계의 보살들이 유마힐에게 물었다.

"이 사바세계의 석가모니 여래께서는 모든 중생들을 위해 어떻게 설법하십니까?"

유마힐이 말했다.

"이 사바세계의 중생들은 모두가 억세어서 다스리고 가르치기가 어렵습니다. 그래서 여래께서도 이런 중생에 맞춰 갖가지 억세고 강한 말로 다스리고 가르치십니다. 그렇다면 갖가지 억세고 강한 말이란 무엇일까요? 이를테면 이런 말입니다.

'이것은 지옥의 세계이고, 이것은 축생의 세계이며, 이것은 아귀의 세계이고, 이것은 불행에 이르는 길이다. 이것은 생명을 끊는 것이고, 이것은 생명을 끊는 것에 대한 과보다. 이것은 주지 않는 것을 취한 것이며, 이것은 그것을 취한 것에 대한 과보다. 이것은 욕망에 따른 삿된 행동이고, 이것은 그 행동에 따른 과보다. 이것은 허망한 거짓말이며, 이것은 그 거짓말에 대한 과보다. 이것은 거칠고 나쁜 말이며, 이것은 그 말에 대한 과보다. 이것은 잡스럽고 더러운 말이고, 이것은 그 말의 과보다. 이것은 탐욕이고, 이것은 탐욕에 대한 과보며, 이것은 성냄이고, 이것은 성냄에 대한 과보다. 이것은 삿된 견해이고, 이것은 그 삿된 견해에 대한 과보다.

이것은 바른 길이고, 이것은 삿된 길이며, 이것은 선

이고, 이것은 악이다. 이것은 속세의 것이며, 이것은 출가세계의 것이고, 이것은 죄 있는 것이며, 이것은 죄 없는 것이다. 이것은 번뇌가 있는 것이고, 이것은 번뇌가 없는 것이며, 이것은 생멸하는 무상한 것이고, 이것은 생멸을 떠난 진실된 것이다. 이것은 공덕이고, 이것은 과실이며, 이것은 고통이 있는 것이고, 이것은 고통이 없는 것이다. 이것은 즐거움이 있는 것이고, 이것은 즐거움이 없는 것이며, 이것은 싫어서 벗어나야 하는 것이고, 이것은 기뻐서 즐겨야 하는 것이다. 이것은 버릴 만한 것이고, 이것은 닦아 익힐 만한 것이며, 이것은 생사이고, 이것은 열반이다.'

이처럼 법에는 한량없는 문이 있습니다. 이 사바세계의 중생들은 마음이 억세어, 여래께서는 이와 같이 가지각색의 설법으로 마음을 평온한 곳에 머물게 하여 그들을 다스립니다. 비유하자면 코끼리나 말이 사나워 길들이기 힘들면, 이런저런 채찍으로 쳐서 뼈에 사무치게 한 후에 길들이는 것과 같습니다. 이처럼 억센 중생들은 다스려 교화시키기 극히 어려우므로, 여래께서 이와 같은 간절한 말들을 방편으로 은근한 가르침을 펴신 후에야 중생들은 조복되어 바른 법으로 들어갑니다."

윗세계에서 온 보살들은 이 말을 듣고, 일찍이 얻어

보지 못한 경험을 얻어 모두가 말했다.

"참으로 기이합니다. 세존 석가모니께서는 이리도 어려운 일을 능히 해내시다니 말입니다. 한량없이 존귀한 공덕을 감추시고, 이와 같은 조복의 방편을 펼치셔서, 억세고 강한 중생들을 성숙시키고, 갖가지 문으로 다스리십니다.

모든 보살들 또한 이 세계에 머물며 온갖 고단함을 달게 받습니다. 사바세계의 보살들은 가장 뛰어나고 드물며, 견고하고 불가사의한 큰 자비심과 정진을 성취하여 여래의 최상의 바른 깨달음을 도와 교화하기 어려운 중생들을 이롭게 하고 있습니다."

1-17.
사바세계의 착한 법

유마힐이 말했다.

"대사님들이여, 사바세계에서 평생을 지내며 보살행을 실천하고 중생을 이롭게 하여 얻게 되는 공덕은, 일체묘향의 세계에서 백천 대겁 동안 보살행을 실천하고 중생을 이롭게 하는 공덕보다 많다는 것을 반드시 아셔야 합니다. 왜냐하면 사바세계에는 청정한 다른 불국토에 없는, 열 가지의 닦아 모으는 착한 법이 있기 때문입니다. 그 열 가지란 무엇일까요?

첫째는, 보시를 베풀어 모든 가난한 이들을 거두는 것이요

둘째는, 청정한 계율로써 금기를 깬 이들을 거두는 것이요

셋째는, 인욕忍辱으로 성내는 이들을 거두는 것이요

넷째는, 정진으로써 게으른 이들을 거두는 것이요

다섯째는, 선정으로 흐트러진 마음을 거두는 것이요

여섯째는, 뛰어난 지혜로 어리석은 이들을 거두는 것이요

일곱째는, 깨달음의 길에 놓인 여덟 개의 장애물을 설하여 불행에 빠진 중생들을 거두는 것이요

여덟째는, 대승의 바른 법을 설하여 작은 법을 즐기는 이들을 거두는 것이요

아홉째는, 갖가지 뛰어나고 선한 선근으로 아직 선근을 심지 못한 이들을 거두는 것이요

열번째는, 바른 법을 설하고, 따뜻한 마음으로 대하며, 선한 행동으로 이익을 주고, 같은 마음이 되어 도움을 주는, 이 네 가지 법으로 모든 중생들을 성숙시키는 것입니다.

이 열 가지가 닦아 모으는 착한 법입니다. 이곳 사바세계에는 청정한 다른 불국토에는 없는 열 가지 법을 갖추고 있는 겁니다."

1-18.
보살의 여덟 가지 수행

일체묘향의 세계에서 온 보살들이 말했다.

"사바세계의 보살들은 몇 가지 법을 아무런 훼손도 손상도 없이 성취해야 목숨이 다한 후에 청정한 다른 세계에서 태어나게 됩니까?"

유마힐이 말했다.

"사바세계의 보살들은 여덟 가지 법을 아무런 훼손도 손상도 없이 성취해야 목숨이 다한 후에 청정한 다른 세계에서 태어나게 됩니다. 여덟 가지란 다음과 같습니다.

첫째, 보살은 이렇게 생각해야 합니다. '나는 중생들에게 반드시 착한 일을 해야 한다. 그러나 그 일에 대한 과보를 바라서는 안 된다.'

둘째, 보살은 이렇게 생각해야 합니다. '나는 저 일체 중생을 대신하여 모든 고통과 번뇌를 받겠으며, 나에게 있는 일체의 착한 뿌리를 모두 되돌려 베풀어야 한다.'

셋째, 보살은 이렇게 생각해야 합니다. '나는 저 일체 중생을 평등한 마음과 걸림 없는 마음으로 대해야 한다.'

넷째, 보살은 이렇게 생각해야 합니다. '나는 저 일체 중생에 대해 교만한 마음을 버리고, 부처님을 대하듯 중생을 공경하고 사랑해야 한다.'

다섯째, 보살은 믿고 이해하는 마음이 깊어서, 아직 들어보지 못한 깊은 가르침을 들어도 의심하거나 비방하는 바가 없어야 합니다.

여섯째, 보살은 다른 이들의 이익에 대해 질투하는 마음이 없고, 자신의 이익에 대해 교만한 마음을 일으키지 않아야 합니다.

일곱째, 보살은 자신의 마음을 다스려, 항상 자신의 허물을 살피고, 다른 이들의 잘못을 헐뜯지 않습니다.

여덟째, 보살은 마음을 게을리하는 일이 있으면 안 됩니다. 모든 착한 법을 항상 찾아 즐기고, 깨달음에 도움이 되는 법을 정진 수행해야 합니다.

사바세계의 보살 대중들이 이와 같은 여덟 가지 법을

훼손도 손상도 없이 성취하게 되면 목숨이 다한 후에 청정한 다른 세계에 태어나게 됩니다."

유마힐이 문수보살을 비롯해 여러 보살들과 대중들 가운데서 갖가지 미묘한 법을 설하자, 십만 중생들이 모두 함께 최상의 바른 깨달음에 대한 마음을 일으 켰으며, 일만 보살들이 모두 생지지도 않고 멸하지도 않는 진리를 깨쳐 흔들림 없는 마음에 머물렀다.

낭송Q시리즈 남주작
낭송 금강경 외

2부
백유경

2-1.
우유를 모으는 사람

옛날에 어떤 사람이 소 한 마리를 키우고 있었습니다. 어느 날, 그 소가 새끼를 낳게 되자, 젖이 나오기 시작했습니다. 그 사람은 젖을 보자 친구들을 초대해 젖을 대접하고 싶어졌습니다. 그래서 생각하길,

'친구들에게 젖을 대접하려면, 많은 젖이 필요하겠지? 그렇다면 미리 젖을 짜서 모아두어야 할 거야. 하지만 어떻게 모아둠? 그 많은 젖을 보관할 마땅한 방법이 없는 걸. 더욱이 그렇게 모아두면 맛이 변해서 먹지 못하게 될 거야.'

고민을 하던 주인은 좋은 생각이 떠올라 빙그레 웃었습니다.

'옳지. 뭐하러 젖을 미리 짜서 모아둠? 젖을 짜지 않으면, 그 젖이 소 뱃속에 그대로 모일 텐데 말이야. 그

럼 필요할 때 한꺼번에 젖을 짜서 먹으면 되잖아.'

소의 주인은 이런 생각에 새끼소를 어미소에게서 떼어 놓았습니다. 새끼소가 어미소의 젖을 축내지 못하게 하기 위해서였지요.

그렇게 한 달의 시간이 지나고, 드디어 친구들이 오기로 한 날이 되었습니다. 주인은 잔치를 베풀려고 소를 끌고 와 젖을 짜기 시작했습니다. 그런데 어찌된 일인지 어미소의 젖이 말라 한 방울도 나오지 않는 것이었습니다.

그 모습을 본 친구들은 화를 내거나 그의 어리석음을 비웃었습니다.

2-2.
배에 맞아 상처난 머리

옛날에 머리카락이 한 올도 없는 민머리 남자가 있었습니다. 하루는 어떤 사람이 배[梨]를 들고 와서는 이 민머리 남자의 머리에 배를 던졌습니다. 한 번, 두 번, 세 번. 민머리 남자는 머리에 상처가 났지만, 피하지 않고 가만히 참고만 있었습니다.

이 모습을 본 옆 사람이 남자에게 물었습니다.

"이보게, 자네는 왜 피하지 않는 건가? 그렇게 머리가 상하도록 가만히 맞고만 있으니 말일세."

그 남자는 대답했습니다.

"나에게 배를 던지는 저 사람은 힘만 믿고 교만하여 지혜가 없다네. 그는 지금 머리카락이 없는 내 머리를 돌이라 생각한다네. 그래서 배를 던져 내 머리에 상처를 내고 있는 게지."

그러자 옆에 있던 사람이 말했습니다.

"어리석은 것은 자네이면서, 어찌하여 저 사람을 어리석다 하는가. 자네가 어리석지 않다면, 그렇게 얻어맞아 머리에 상처가 났는데도 피할 줄도 모르고 그러고 있을 이유가 없지 않겠나."

2-3.
삼층 누각

옛날 한 부자가 살았습니다. 그는 아주 돈이 많았지
만, 어리석어 아는 것이 아무것도 없었습니다.

어느 날, 그는 다른 부잣집에 놀러갔습니다. 그 집에
는 삼층 누각이 있었습니다. 그 누각은 아주 높고 넓
었으며, 웅장하고 화려하며 시원하고 밝았습니다. 삼
층 누각이 부러운 그는 이렇게 생각했습니다.

'내 재산이 저 사람에 뒤지지 않건만, 왜 지금까지 이
런 누각을 지을 생각을 못했던가.'

그는 곧바로 목수를 불러들여 물어보았습니다.

"이보게, 저 집에 있는 것처럼 웅장하고 아름다운 누
각을 지을 수 있는가?"

목수가 대답했습니다.

"저 삼층 누각을 지은 사람이 저입니다."

"그렇다면 지금 당장 나를 위해 저런 누각을 짓게나."

목수는 땅을 다지고 나무를 깎고는, 벽돌을 쌓아 누각을 짓기 시작했습니다.

그 부자는 벽돌을 차곡차곡 쌓아올리는 목수의 모습을 의아하게 바라보더니, 목수에게 물었습니다.

"지금 어떤 집을 지으려 하는 겐가?"

목수가 대답했습니다.

"삼층 누각인뎁쇼."

그러자 그 부자가 말했습니다.

"이보게 목수. 나는 일층과 이층은 갖고 싶지 않네. 그러니 맨 위층부터 지으란 말일세."

목수는 어이없어 하며 대답했습니다.

"맨 아래층을 짓지 않고 어떻게 이층을 지을 수 있으며, 이층을 짓지 않고 어떻게 삼층을 지을 수 있단 말입니까."

그러나 어리석은 부자는 고집을 피우며 말했습니다.

"나는 아래 있는 층들은 필요가 없단 말일세. 그러니 당장 삼층부터 짓게."

이 모습을 본 사람들은 그를 비웃으며 말했습니다.

"미련한 사람 같으니라고. 어떻게 아래층도 짓지 않고 위층을 지을 수 있단 말인가."

2-4.
길잡이를 죽인 상인들

어떤 상인 무리가 큰 바다를 항해하게 되었습니다. 그 너른 바다를 건너기 위해서는 길잡이가 필요했습니다. 상인들은 수소문 끝에 적당한 길잡이를 찾았고, 그렇게 항해를 시작했습니다.

항해를 하던 어느 날, 그들은 잠시 휴식을 취하기 위해 한 섬에 배를 댔습니다. 그곳에는 천신天神에게 제사를 지내는 제사장이 있었습니다. 상인들은 그 제사장에게 항해에 대해 물었습니다.

"어떻게 하면 이 바다를 무사히 건너겠습니까?"

"사람을 죽여 천신님께 제사를 올린다면, 무사히 항해를 마치실 수 있을 겁니다."

이 얘기를 들은 상인들은 어떻게 해야 좋을지 의논했습니다.

"우리 모두는 서로 친한 친구들 아닌가. 그러니 누구를 제물로 바칠 수 있겠나. 저 길잡이를 제물로 바치는 방법밖에는 없을 것 같군."

그래서 그들은 길잡이를 죽여 천신에게 제사를 드렸습니다.

그렇게 제사가 끝나고, 그들은 항해를 계속하기 위해 배로 돌아갔습니다. 그리고 길잡이를 잃은 그들은 어디로 갈지 몰라 헤매다 지쳐 모두 죽고 말았습니다.

2-5.
반 푼의 빚

한 상인이 남에게 돈 반 푼을 빌려 쓰고는 오랫동안 그 돈을 갚지 못하고 있었습니다. 그는 겨우 반 푼의 돈 때문에 자신의 명예가 더렵혀지는 것은 아닌지 걱정이 들었습니다. 그래서 그는 돈을 빌려준 사람을 찾아 길을 떠났습니다.

그 상인은 가던 길에 큰 강을 만났습니다. 그 강을 건너려면 뱃삯으로 두 냥을 내야 했습니다.

강을 건너간 상인은 돈을 꾼 사람 집에 도착했지만, 그 사람은 집에 없었습니다. 상인은 어쩔 수 없이 발길을 돌려 집으로 돌아가야 했습니다. 돌아오는 길에 그는 또 강을 건너야 했고, 그렇게 뱃삯으로 두 냥을 더 썼습니다.

결국 그 상인은 반 푼의 돈을 갚으려다 도리어 네 냥

의 돈을 쓰고 말았습니다. 빚은 매우 작았지만, 손해
는 아주 컸습니다.

이 사연을 들은 주변 사람들은 모두 그 상인의 어리
석음을 비웃었습니다.

2-6.
나귀를 사온 제자

옛날에 한 스님이 큰 법회를 앞두고 제자에게 말했습니다.

"곧 큰 법회가 있을 건데, 그때 쓸 질그릇이 필요하구나. 시장에 가면 옹기장이가 있을 테니, 품삯을 주고 데리고 오너라."

제자는 옹기장이 집으로 찾아갔습니다.

그때쯤, 옹기장이는 질그릇을 싣고 가던 나귀가 눈깜짝할 사이에 질그릇을 깨버리는 바람에 집으로 돌아와 슬피 울고 있었습니다. 제자는 그 모습을 보고 옹기장이에게 물었습니다.

"왜 그리 슬피 울고 계십니까?"

옹기장이가 대답했습니다.

"지난 몇 년 동안 온갖 방법을 써서 고생 한 끝에 질그릇들을 만들었지요. 그래서 그 그릇들을 시장에 내다팔러 가던 중이었는데, 글쎄 이 나귀가 순식간에 질그릇을 모두 박살내 버렸답니다. 그래서 이렇게 괴로워하고 있었지요."

이 말을 들을 제자는 기뻐하며 말했습니다.

"이 나귀야말로 귀한 놈이군요. 오랫동안 만든 그릇을 잠깐 사이에 모두 부숴 버리다니 말입니다. 제가 이 나귀를 사겠습니다."

옹기장이는 기뻐하며 나귀를 팔았습니다. 제자는 그 나귀를 타고 절로 돌아왔습니다. 이를 본 스님이 물었습니다.

"너는 어찌하여 옹기장이를 데리고 오지 않았느냐? 이 나귀는 또 무어냐? 어디에 쓰려고 나귀를 가지고 온 것이냐?"

제자가 대답했습니다.

"이 나귀가 옹기장이보다 더 뛰어나답니다. 옹기장이가 오랜 시간에 걸쳐 만든 질그릇을 이 나귀가 한순간에 다 부숴 버렸거든요."

스님이 제자에게 말했습니다.

"너는 참으로 우둔하여 지혜가 없구나! 이 나귀는 무언가를 부수는 능력이 있을 뿐, 백 년이 흘러도 무언가를 만들 수는 없을 것이다."

2-7.
나무통에 화낸 사람

길 가던 남자가 목이 말라 주변을 살폈습니다. 그러던 중 그는 맑은 물이 흘러나오는 나무통을 발견했습니다. 그는 그 물통을 들고 실컷 마셨습니다.

물을 다 마신 그 남자는 나무통에 대고 말했습니다.

"이제 물을 실컷 먹었으니, 물아 이제 나오지 마라."

그러나 여전히 물이 흘러나왔습니다. 그는 화가 나서 나무통에 대고 다시 소리쳤습니다.

"물을 실컷 먹었으니 이제 나오지 말라고 했건만, 왜 계속해서 물이 나오는 것이냐."

그 모습을 본 사람이 그에게 말했습니다.

"참 어리석네그려. 다 마셨으면 자네가 떠나면 될 것을. 왜 그대로 서서 물이 안 나오길 바라는 겐가."

그러곤 그 남자를 다른 곳에 끌어다놓고 떠났습니다.

2-8.
소를 훔친 사람

어떤 마을 사람들이 함께 이웃마을의 검은소를 훔쳐서 나눠먹었습니다. 소를 잃은 사람은 그 흔적을 추적해서 이 마을에 이르렀습니다. 그는 마을 사람들을 불러다 놓고 자신이 이곳까지 오게 된 연유를 말한 후, 물었습니다.

"이보시오, 당신은 이 마을에 살지 않소?"

소를 훔친 사람이 대답했습니다.

"내게는 마을이 없다오."

"당신네 마을 한복판에 연못이 있지 않소. 그 연못가에서 함께 소를 먹은 게 아니오?"

"연못이 없다오."

"연못가에 나무가 있지 않소?"

"나무가 없다우."

"소를 훔칠 때, 이 마을 동쪽에 있지 않았소?"

"동쪽은 없소."

"소를 훔친 때가 한낮이 아니오?"

"한낮은 없소."

"그래, 마을도 없고, 나무도 없다고 칩시다. 그러나 어찌 이 천하에 동쪽이 없고, 낮이 없을 수 있소? 당신이 이런 헛소리를 하니, 내 당신을 믿을 수가 없소. 소를 훔쳐 먹은 거 아니요?"

"실은 먹었소."

2-9.
원앙새 울음소리

옛날, 어느 나라에는 명절이나 경사가 있는 날이면, 모든 아낙네들이 우발라꽃으로 화환을 만들어 머리를 장식하는 풍습이 있었습니다.

그 나라에 한 가난한 남자가 살고 있었는데, 그의 부인이 어느 날 남편에게 말했습니다.

"만약 당신이 우발라꽃을 구해 오면 부부의 연을 계속하겠지만, 그렇지 못하면 난 당신을 버리고 떠나겠어요."

남편은 우발라꽃을 구하기 위해 왕의 연못에 숨어들었습니다. 그는 예전부터 원앙새 울음소리를 잘 냈습니다. 그래서 들키지 않기 위해, 원앙새 소리를 내며 꽃을 훔치고 있었습니다.

그때, 연못을 지키고 있던 사람이 소리쳤습니다.

"거기 연못에 누구냐?"

그 가난한 남편은 대답했습니다.

"나는 원앙새입니다."

연못을 지키던 사람은 그 남자를 붙잡았습니다. 그러고는 그를 데리고 왕이 있는 궁궐로 끌고 갔습니다. 가는 길에 그 가난한 남자는 원앙새 울음소리를 냈습니다. 그러자 연못지기가 말했습니다.

"이 사람아, 아까 그렇게 울음소리를 냈어야지, 지금 그런다고 무슨 소용이 있나."

2-10.
왕의 수염 깎기를 택한 신하

옛날 어떤 나라에 왕의 두터운 신임을 받는 신하 한 명이 있었습니다. 그는 전쟁터에 나가 자기 목숨을 돌보지 않고 왕을 지켰습니다. 왕은 그 신하의 모습에 감동하여, 신하의 소원을 들어주려 물었습니다.

"너는 무엇을 원하느냐? 네가 하고픈 바를 마음껏 말하여라."

그러자 신하가 대답했습니다.

"전하가 수염을 깎으실 때, 그 일을 저에게 시켜 주십시오."

왕은 말했습니다.

"그 일이 정녕 네가 원하는 일이냐. 그렇다면 네 원대로 들어주리라."

이 신하의 이야기를 들은 세상 사람들은 그를 비웃으

며 말했습니다.

"이 나라의 반을 다스리는 대신이나, 만인지상의 재상 자리에 오를 수도 있었건만, 굳이 천한 업을 구하다니……."

2-11.
부자의 입을 발로 찬 사람

옛날에 아주 큰 부자가 있었습니다. 그의 주변 사람들은 그 부자를 공손히 받들어 모시면서 그의 마음을 얻기 위해 온갖 노력을 다했습니다. 예를 들어, 그 부자가 가래침을 뱉으면, 재빨리 그것을 발로 밟아 문질러 버렸습니다.

이 모습을 본 한 어리석은 사람이 생각했습니다.

'가래침이 땅에 떨어지기 무섭게 다른 사람들이 나서서 가래침을 문질러 없애 버리는구나. 그렇다면 나는 저 부자 어르신이 침을 뱉으려고 할 때 먼저 밟아야겠다.'

바로 그때, 그 부자가 가래침을 뱉으려 했습니다. 어리석은 사람은 다리를 들어 그 부자의 입을 찼습니다. 부자의 입은 터지고 이는 부러져 버렸습니다. 부자는 화가 나서 그에게 물었습니다.

"너는 왜 내 입을 발로 찼느냐?"

어리석은 사람이 대답했습니다.

"어르신의 침이 입에서 나와 땅에 떨어지기가 무섭게 주변의 아첨하는 사람들이 그것을 밟아 버립니다. 그래서 매번 제게는 그 차례가 돌아오지를 않습니다. 그래서 침이 막 입에서 나오려 할 때, 제가 먼저 발로 밟아 어르신의 마음을 얻으려 한 것입니다."

2-12.
가짜 귀신

옛날 간다르바국에 악사들이 모여 살고 있었습니다.
어느 해, 나라에 흉년이 들게 되고, 굶주림에 시달리
던 악사들은 먹을 것을 찾아 이웃나라로 향했습니다.
몇날 며칠을 걷던 그들은 바리신산이라는 곳을 지나
게 되었습니다. 그 산에는 사람을 잡아먹는 락사사라
는 귀신들이 살고 있었습니다. 하지만 날이 어두워져
더 이상 길을 갈 수 없게 된 그들은, 그곳에서 하룻밤
을 보내기로 했습니다.

밤이 깊어지자 매서운 바람과 추위가 몰려왔습니다.
그들은 불을 지피고, 그 주위에 옹기종기 누워 잠을
청했습니다. 그런데 그 중 추위를 몹시 타던 악사 한
명이 있었습니다. 추위로 인해 잠을 잘 수 없었던 그
는 자리에서 일어났습니다. 그는 장난삼아 락사사로

분장할 때 입는 옷을 입고는 불을 쬐며 앉아 있었습니다.

그때 잠이 깬 악사 한 명이 그 모습을 보고는 귀신 락사사인 줄 알고 화들짝 놀라서 도망쳤습니다. 그 바람에 잠자던 사람들도 놀라 잠이 깨서는, 엉겁결에 내달리기 시작했습니다. 그러자 락사사 옷을 입고 있던 사람 역시 놀라 그들의 뒤를 쫓아 달리기 시작했습니다.

앞에서 달리던 사람들은 그가 쫓아오는 것을 보고, 락사사가 자신들을 해치러 온다고 생각했습니다. 그들은 두려움에 더욱더 내달려 산을 넘고 물을 건너 구렁에 몸을 던졌습니다. 그들의 몸은 상처투성이가 되었고, 결국 기진맥진해 모두 쓰러졌습니다. 그렇게 날이 밝았습니다. 그때서야 그들은 자신들을 쫓은 것이 귀신이 아님을 알게 되었습니다.

2-13.
떡 하나 때문에 도둑맞은 부부

옛날에 한 부부가 떡 세 개를 나눠 먹게 되었습니다. 하나씩 떡을 나눠 먹은 그들은, 한 개 남은 떡을 두고 재미삼아 내기를 했습니다.

"누구든 먼저 말을 하면, 이 떡을 먹을 수 없는 걸로 합시다."

이렇게 약속을 한 부부는 입도 뻥긋하지 않고 그렇게 앉아 있었습니다.

그런데 그때, 그 집에 도둑이 들었습니다. 도둑은 집에 있는 재물들을 자기 보따리 쓸어 넣었습니다. 부부는 그 모습을 보고도, 약속한 것이 있어 말을 하지 않았습니다. 말을 하지 않는 그 부부를 본 도둑은, 남편 앞에서 부인을 겁탈하려 했습니다. 그러나 이번에도 남편은 입을 열지 않았습니다.

자신에게 달려드는 도둑을 본 아내는 '도둑이야!'라고 외치고는, 남편에게 말했습니다.

"참으로 어리석으십니다. 이까짓 떡 하나 때문에 도둑을 보고도 소리치지 않는단 말입니까?"

그제야 남편은 손뼉을 치고 웃으며 말했습니다.

"자, 이제 이 떡은 내 걸세."

이 이야기를 들은 세상 사람들은 모두 그들을 비웃었습니다.

2-14.
낙타와 항아리를 모두 잃다

옛날 어떤 사람이 항아리 속에 곡식을 담아 두었습니다. 어느 날, 낙타가 항아리에 머리를 넣고 곡식을 먹다가, 머리를 뺄 수 없게 되어 버렸습니다. 이 때문에 그 사람은 근심에 쌓여 있었습니다.

이때, 한 노인이 와서 말했습니다.

"너무 걱정하지 마시게. 내가 자네에게 방법을 일러 줄 테니. 지금 내가 하는 말대로만 하면, 낙타를 구할 수 있다네. 낙타의 머리를 베게. 그러면 자연스럽게 낙타의 머리가 항아리에서 빠져 나올 걸세."

그는 곧 노인의 말을 따라 칼로 낙타의 머리를 베었습니다. 그러자 낙타도 죽고 항아리도 깨져 버렸습니다. 이 일로 인해 그는 세상 사람들의 웃음거리가 되었습니다.

2-15.
눈병이 무서워 눈을 없애버린 사람

한 여자가 눈병을 심하게 앓고 있었습니다. 그녀의
친구 한 명이 그 모습을 보고 물었습니다.
"어쩌다 눈병을 앓게 된거야?"
그녀는 대답했습니다.
"눈이 있기 때문에, 눈병을 앓는 거 아니겠어?"
이 말을 들은 친구가 말했다.
"맞아. 눈이 있으니 눈병을 앓을 수밖에 없는 거지.
그렇다면 아직 내 눈은 멀쩡하지만, 그 두 눈을 도려
내야겠어. 나중에 눈병이 날까 두렵거든."
이 말을 옆에서 듣고 있던 사람이 말했습니다.
"눈이 있으면 눈병을 앓을 수도 있고, 앓지 않을 수도
있다네. 그러나 눈이 없으면 죽을 때까지 계속 앓게
될 걸세."

낭송Q시리즈 남주작
낭송 금강경 외

3부
육조단경

3-1.
무념, 생각이 없음

선지식들이여, 법에는 단박에 깨우침과 점차로 깨우침이 없습니다. 그러나 사람마다 이치에 밝고 어두움이 있기에, 미혹하면 점차로 계합하고, 깨치면 단박에 닦습니다. 자신의 본래 마음을 아는 것이 본래의 성품을 보는 것입니다. 깨달음은 그 근본에 있어서 차별이 없으나 깨닫지 못하면 오랫동안 윤회를 거듭합니다.

선지식들이여, 나의 법문은 예부터 모두 '무념'無念을 그 종지宗旨로 삼고, '무상'無相을 그 본체本體로 하며, '무주'無住를 그 근본으로 합니다.

'무상'이란 형상은 있으나 형상의 분별을 떠난 것이며, '무념'이란 생각은 있으나 생각에 얽매이지 않는 것이며, '무주'란 사람의 본성으로, 한 생각도 머무르지 않음을 말합니다. 지나간 생각과 지금의 생각, 그리고 다시 뒤따르는 생각, 이처럼 생각이란 서로 이어져 끊어짐이 있지 않습니다. 만약 한 생각이라도 끊어진다면, 법신이 곧 색신을 떠난 것이 됩니다. 일어나는 생각, 생각들은 결코 머무르지 않습니다. 한 생각이 만약 머무르게 되면 생각 생각들 모두가 머무르게 되니 이를 얽매임이라 합니다. 생각이 어디에도 머무르지 않으면 곧 얽매임이 없으니, 그렇기에 무주를 근본으로 삼습니다.

선지식들이여, 밖으로 드러난 형상을 떠나는 것을 형상이 없다고 합니다. 형상을 떠나게만 되면 모든 성품의 본체는 청정합니다. 그렇기에 '무상'을 본체로 삼습니다.

모든 경계에 물들지 않는 것을 '무념'이라 합니다. 자신의 생각 위에서 경계를 떠나고, 법 위에서 생각을 일으키지 않는 것입니다. 백 가지 사물을 생각하지 않으면서 생각이 남김없이 제거되었다고 여기지 말아야 합니다. 한 생각이 끊어지면, 이는 곧 다른 세상에서 새로 태어날 것입니다. 배우는 사람은 마음을 써서 법의法意를 쉬어야 합니다. 자신의 잘못은 어찌할 수 없다 해도, 다른 사람에게 이 잘못된 분별을 권해서야 되겠습니까. 미혹하여 자기 자신도 알지 못하면서 경전의 가르침을 비방하게 되니, '무념'을 종지로 세우는 것입니다.

미혹한 사람은 경계 위에 생각을 두고 그 생각 위에 곧 잘못된 견해를 일으키기에, 이로 인해 모든 번뇌와 망령된 생각이 일어납니다.

그렇기에 이 가르침은 무념을 세워 종지로 삼습니다. 세상 사람이 견해를 떠나 생각을 일으키지 않아서 만약 무념이 되면, 무념이라는 생각 또한 일어나지 않습니다. 없음이란 무엇이 없다는 것이며, 생각함이란 무엇에 대해 생각하는 것일까요? 없음이란 분별로 인한 모든 번뇌를 떠남이요, 생각함이란 진여眞如의 본성을 생각하는 것이니, 진여란 생각의 본체요, 생각이란 진여의 작용입니다. 자성自性에서 생각이 일어난다면, 보고, 듣고, 느끼고 들어도 어떤 경계에도 물들지 않아 항상 자재自在합니다. 『유마경』에서 이르길, '밖으로는 모든 형상을 잘 분별하면서도, 안으로는 진여 공성의 진리에서 흔들리지 않는다'라고 합니다.

3-2.
좌선坐禪

선지식인들이여, 이 법문에서 말하는 좌선은 마음을 찾는 것도 아니요, 청정함을 이루는 것도 아니며, 움직이지 않고 앉아 있는 것도 아닙니다.

만일 마음을 보았다고 말한다면, 이는 그릇된 것입니다. 마음이란 원래 환영과 같이 허망하기에 볼 수 있는 어떤 것이 아닙니다.

만일 청정함을 보았다고 말한다면, 이는 바르지 못합니다. 사람의 성품은 본래 청정하여 허망한 생각에 덮여, 가려져 있을 뿐입니다. 그 허망한 생각을 여의면 본래 성품 그대로 청정합니다.

자기 성품의 청정함을 보지 않고, 마음을 일으켜 청정함을 본다고 하면, 오히려 청정함이라는 망상을 짓게 됩니다. 그런 허망한 생각은 있는 곳이 없습니다.

그렇기에 좌선을 하는 수행자는 '본다'는 것을 도리어 허망한 생각으로 여겨야 합니다.

청정함은 형상이 없습니다. 그럼에도 오히려 청정함이라는 형상을 세우고 이를 공부라고 말하는 이는 자기 본래의 성품을 가려 도리어 청정함에 얽매여 버립니다.

3-3.
마하반야바라밀

선지식인들이여, 마하반야바라밀摩訶般若波羅蜜을 오직 생각으로만 받아들였을 뿐, 그 가르침의 바른 뜻을 이해하지 못했으리라 생각합니다. 하여 이 혜능慧能이 마하반야바마라밀에 대한 설명을 하겠으니, 각각이 이를 잘 들으십시오.

'마하반야바라밀'이란 인도의 옛말 중 하나인 범어梵語로, 당나라 말로는 '큰 지혜로 저 언덕에 이른다'는 뜻입니다. 이 마하반야바라밀의 가르침은 모름지기 행行해야 하는 데 있으며, 단지 입으로 외운다고 해서 이를 수는 없습니다. 입으로 외우기만 할 뿐 행하지 않으면, 이 가르침은 덧없는 것이 됩니다. 그러나 이를 수행하는 이는 법신과 부처와 같습니다.

'마하'란 무슨 뜻일까요? 마하는 '크다'는 의미로, 마음의 도량이 광대하여 가히 허공과 같다는 것입니다. 그러나 마음을 '공'이라는 것에 머물게 해서는 안 됩니다. 만약 그렇게 되면, '공'이라는 생각에 사로잡혀 마음의 생생하고 활발발한 움직임을 잃게 됩니다. 허공은 해와 달과 별에서부터, 대지와 온갖 산천초목, 악한 사람과 착한 사람, 악한 법과 착한 법, 그리고 천당과 지옥까지, 이 모든 것을 품고 있습니다. 이처럼 일체의 것들이 존재하는 곳은 오직 허공일 뿐입니다. 사람의 성품 또한 이와 같습니다.

사람의 성품이 이 세계의 모든 법을 품고 있어 이를 '크다' 말하며, 세계의 모든 법은 단지 이 성품을 가리킬 뿐입니다. 모든 사람과 사람이 아닌 것들, 악함과 선함, 악한 법과 선한 법을 보기는 하되, 모든 것을 버리지 않으면서도 어떤 것에도 오염되지 않은 것을 가히 허공과 같이 크다고 일컫습니다. 이것이 바로 마하를 행하는 것입니다.

미혹한 사람은 입으로 외우고, 지혜로운 사람은 마음으로 행합니다. 또한 미혹한 사람은 마음이 '공'에 사로잡혀, 어떤 생각도 하지 않음을 '공'으로 여깁니다. 그러나 이는 그릇된 것입니다. 마음의 도량이 넓고 크다 해도, 행하지 않으면 이는 작은 것입니다. 공을 입으로 하지 말고, 그 행을 닦으십시오. 그렇지 않다면, 이 가르침을 바르게 받아 지녔다 할 수 없습니다.

'반야'란 무슨 뜻일까요? 반야는 '지혜'입니다. 매 순간, 생각 생각이 어리석지 않아, 항상 지혜를 행하는 것을 곧 '반야행'이라 이름합니다. 어리석은 생각을 내는 그 순간 반야는 끊깁니다. 그러나 지혜로운 생각을 일으키면 곧 반야가 생깁니다. 그렇기에 어리석은 마음을 그대로 지닌 채, 겉으로 드러나는 행만을 닦는 것은 반야행이 아닙니다. 반야란 그 형상을 갖지 않은 것으로, 지혜의 성품은 이와 같습니다.

'바라밀'이란 무슨 뜻일까요? '바라밀'이란 인도의 옛말 중 하나인 범어로, '저 언덕에 이른다'는 말입니다. 그 뜻을 풀어보면, 생멸을 떠난다는 것입니다. 경계에 집착하여 마음의 생멸이 일어나는 것은 마치 바다에 거친 풍랑이 일어나는 것과 같습니다. 이것이 곧 '이쪽 언덕'의 모습입니다. 반면에 경계를 떠나 마음의 생멸을 여의면, 물이 끊이지 않고 흘러흘러가는 것과 같게 됩니다. 이를 '저 언덕에 이른다' 일컫고, '반야밀'이라 이름합니다.

미혹한 사람은 입으로 외우고, 지혜로운 사람은 마음자리를 닦습니다. 입으로는 외우면서 생각에는 망상이 일어나면, 거기에는 아무런 진실됨이 없습니다. 만약 생각 생각마다 지혜로운 마음을 행한다면, 이를 진실되다고 말합니다.

법을 깨닫는다는 것은 반야법을 깨닫는 것이며, 반야행을 닦는 것입니다. 반야행을 닦지 않는 이가 곧 범부요, 한 생각이라도 그 행을 일으켜 실천하면 그 사람은 법신, 부처와 같습니다.

선지식인들이여, 마하반야바라밀은 가장 고귀하고, 위 없는, 으뜸가는 가르침으로, 현재에 머무르는 것도, 과거로 흘러간 것도, 미래에 오게 될 것도 아닙니다. 삼세의 모든 부처님께서는 이 가르침으로부터 나와서 큰 지혜로 저 언덕에 이르러, 삶을 얽매는 망상과 번뇌를 단호하게 끊어내셨으니, 이 가르침은 가장 고귀하고, 위 없으며, 으뜸입니다.

3-4.
근기根機

반야바라밀은 위 없는 가르침으로, 지혜가 크며 근기가 높은 사람을 위해 설한 것입니다. 근기와 지혜가 작은 사람이 이 설법을 듣는다면, 믿는 마음이 일어나지 않을 것입니다. 지금 한 설법은 마치 큰 용이 하늘에서 큰 비를 내리는 것과 같습니다. 이 비가 염부주에 내리면 풀잎들이 떠다니지만, 바다에 내린다면 바닷물은 불지도 늘지도 않습니다.

대승의 마음을 가진 사람은 반야바라밀의 가르침을 듣고 마음이 열려 깨치고 이해합니다. 왜냐하면 그 본래 성품이 반야의 지혜를 갖추고 있어서 스스로 그 지혜를 써서 반야바라밀의 가르침을 알게 되니, 문자를 빌리지 않습니다. 이는 비유컨대, 그 비가 하늘에 있어서 내리는 것이 아님과 같습니다. 하늘에서 내리는 비는 원래 바다에 있던 물입니다. 그 물이 하늘로 올라가 모든 중생과 초목, 모든 생명 있는 것들과 생명 없는 것들을 윤택하게 하고, 그 모든 물줄기가 다시금 바다로 들어가고, 바다는 모든 물을 받아들여, 그 물들은 하나로 합쳐집니다. 중생의 본래 성품인 반야의 지혜도 이와 같습니다.

단박에 깨치는 이 가르침을 들은, 근기가 작은 사람은 뿌리를 깊이 내리지 못한 초목과 같습니다. 이런 초목은 만약 큰 비가 내리면 모두 쓰러져 자라지 못합니다. 근기가 작은 사람 또한 마찬가지입니다.

그렇지만 마음에 반야의 지혜를 갖추고 있다는 점에서는, 근기가 작은 사람과 높은 사람 사이에 아무런 차별도 없습니다. 그럼 어찌해서 근기가 작은 사람은 가르침을 듣고도 깨치지 못할까요?

그것은 잘못된 견해에 여러 겹 얽매여 있어 번뇌의 뿌리가 깊기 때문입니다. 마치 큰 구름이 해를 가리고 있어서, 바람이 불지 않으면 태양이 제 모습을 드러내지 못하는 것과 같습니다. 반야의 지혜 역시 크고 작음이 없으나, 마음이 미혹하여 자신의 마음 밖에서 부처를 찾기에, 아직 자신의 성품을 깨닫지 못할 뿐입니다. 이 같은 사람을 근기가 작다고 합니다. 그러나 근기가 작다 해도, 단박에 깨치는 반야의 가르침을 들고서 자기 마음자리 밖에서 부처님을 구하지 않고, 자신의 마음에 자리해 그 본성으로 하여금 항상 바른 견해를 일으키면, 번뇌에 싸인 중생 누구든 곧바로 깨닫게 됩니다. 이는 마치 큰 바다가 모든 물줄기를 받아들여, 큰 물과 작은 물을 합쳐 하나의 바다가 되는 것과 같습니다.

3-5.
돈오, 단박에 깨침

선지식들이여, 저는 홍인弘忍 화상의 법문을 한 번 듣고는, 그 말끝에 크게 깨우쳐 마음의 있는 그대로의 성품을 보았습니다. 이런 까닭으로 이 가르침을 후대에 전하여, 도를 배우는 이들이 자기 마음에 갖춘 지혜를 단박에 깨닫게 하고자 합니다. 각자 스스로가 마음을 보고 그 청정한 성품을 단박에 깨닫게[頓悟] 하는 것입니다.

만약 스스로 깨칠 수 없다면, 큰 선지식을 찾아 가르침을 받아 마음의 청정한 성품을 보아야 합니다. 어떤 분을 큰 선지식이라고 할까요? 가장 뛰어난 법을 알고 바른 길을 가리키는 분이 큰 선지식입니다. 큰 선지식과 만나는 일은 크나큰 인연입니다. 공부하는 사람을 이끌어 부처님을 보게 하며, 모든 착한 법이 큰 선지식과의 인연장에서 생겨나기 때문입니다.

그렇기에 삼세의 모든 부처님과 경전들의 가르침이 우리 성품에 본래 갖추어져 있다고 하더라도, 스스로가 마음의 청정한 성품을 깨치지 못하면, 필시 선지식의 가르침을 받아 그 성품을 봐야 합니다.

만약 스스로 깨칠 수 있는 사람이라면, 밖으로 선지식에 의지할 필요가 없습니다. 선지식을 구해 가르침을 받아야만 해탈을 얻을 수 있다고 여긴다면, 이는 옳지 않습니다. 자신의 마음자리에서 선지식을 알면 곧 해탈입니다.

만약 자신의 마음이 삿되고 미혹하여 헛된 생각에 의해 전도되어 있다면, 아무리 밖에서 선지식을 찾아 가르침을 받는다 해도 깨달을 수 없을 겁니다. 그렇기에 반드시 반야의 지혜로 밝게 봐야 합니다. 그러면 잠깐의 순간에 헛된 생각을 모두 여의게 되니, 이것이 곧 자신의 마음에 자리한 선지식입니다. 한 번 깨달음에 부처를 알게 됩니다.

자신의 마음을 반야의 지혜로 밝게 보아 안팎이 환하게 밝으면 자신의 청정한 본래 마음을 알게 됩니다. 그리고 이렇게 마음의 본래 성품을 알게 되면, 이것이 곧 해탈입니다. 해탈이란 매 순간 지혜로운 마음이 일어나는 반야삼매般若三昧이며, 반야삼매를 깨치는 것이 곧 '생각 없음'의 '무념'無念입니다.

'무념'이란 무슨 뜻일까요? 무념이란 모든 것을 보지만 어떤 것에도 집착하지 않으며, 모든 곳에 두루 가지만 그 어떤 곳에도 집착하지 않는 마음입니다. 무념한 마음은 항상 자신의 마음을 청정히 하여, 여섯 가지 감각기관인 눈, 귀, 코, 혀, 몸, 의식이 달려나가 각각이 대상을 지각하여 분별하게 하되, 그 분별을 떠나지도, 물들지도 않아 오고 감에 자유롭습니다. 이것이 곧 반야삼매며, 어디에도 걸림이 없는 자재해탈自在解脫이자, 무념한 삶입니다.

무념을 아무런 생각도 하지 않는 것으로 여겨, 생각 그 자체를 끊으려 해서는 안 됩니다. 이는 무념이란 생각에 얽매여 있음이며, 극단에 이른 생각에 지나지 않습니다.

3-6.
공덕

사군이 혜능 스님께 예배를 드리고 말했습니다.

사군 스님의 설법은 범부의 생각으로는 참으로 헤아릴 수 없습니다. 이 제자가 일찍이 작은 의심이 일어나 스님께 여쭙고자 합니다. 바라건대 대자대비로 제자를 위해 설법해 주시길 바랍니다.

혜능 의심이 있으면 곧바로 물으면 됩니다. 그렇게 두번, 세 번 청할 필요가 없습니다.

사군 대사께서 설하신 가르침은 서쪽에서 오신 제일조 달마조사님의 가르침입니까?

혜능 그렇습니다.

사군 이 제자가 듣기로는, 달마대사께서 양무제를 교화하실 적에, 양무제가 달마대사께 '짐이 한평생 절을 짓고, 보시를 하고, 공양을 올렸는데, 공덕이 있습니까?'라고 묻자, 달마대사께서 '아무런 공덕이 없습니다'라고 대답하셨다고 합니다. 무제는 이에 실망하고 원망하는 마음이 들어 달마대사를 나라 밖으로 내보냈다고 들었습니다. 저는 달마대사께서 하신 대답의 의미를 알지 못하겠습니다. 바라옵건대 스님께서 상세히 설명해 주십시오.

혜능 실로 공덕이 없으니, 달마대사의 말씀에 의심을 내지 마십시오. 무제는 그릇된 길에 집착하여 바른 법을 몰랐던 것입니다.

사군 어찌하여 공덕이 없습니까?

혜능 절을 짓고, 보시를 하고, 공양을 올리는 일은 단지 복을 닦는 것일 뿐입니다. 복을 공덕이라 해서는 안 됩니다. 공덕은 법신에 있는 것으로, 복을 닦는 일들에 있지 않습니다.

자신의 청정한 마음자리인 법성에 공덕이 있습니다. 그렇기에 그 청정한 성품을 보는 것이 곧 공功이며, 마음을 평등하고 곧게 쓰는 것이 곧 덕德입니다. 그러니 안으로는 부처님의 성품인 청정한 마음을 보고, 밖으로는 모든 사람들을 공경해야 합니다. 만약 사람들을 가볍게 여기고 자기 자신을 고집하는 아상我相을 끊지 않으면, 곧 공덕이 없는 것입니다. 세상 모든 것으로부터 독립해 있는 '나'라는 존재는 허망한 것으로, 내가 공덕을 짓는다고 하면, 법신에도 공덕이 없습니다.

생각 생각마다 덕을 행하고, 마음이 평등하고 곧은 덕은 결코 가볍지 않습니다. 그러니 항상 공경하십시오. 이렇게 스스로 몸을 닦는 것이 곧 공功이요, 스스로 마음을 닦는 것이 덕德이니, 공덕은 자신의 마음으로 짓는 것입니다. 이처럼 복과 공덕은 다릅니다. 그럼에도 무제가 바른 이치를 알지 못한 것이니, 달마 대사의 허물이 아닙니다.

3-7.
서방 극락세계

사군이 예배를 드리고 또 물었다.

사군 이 제자가 보건대, 스님, 도인, 세속의 사람들 모두 항상 아미타불을 염불하며 서방정토 극락세계에 가기를 원합니다. 스님께 청하오니 설명해 주십시오. 그렇게 하면 서방정토에 가는 것입니까? 제 의문을 풀어 주시길 바라옵니다.

혜능 설명을 할 테니 사군은 잘 들으십시오. 세존께서 사위국에 계실 때, 서방정토를 설하시어 대중들을 교화하셨습니다. 그 설법이 담긴 경전에서는 분명히 '서방정토는 여기서 멀지 않다'고 했습니다. 단지 근기가 낮은 사람을 위하여 서방정토가 멀다고 하셨고, 지혜가 높은 사람에게는 가깝다 하셨습니다.

사람은 서로 다른 근기를 가진 두 부류로 나뉘지만, 그 가르침의 본질은 같습니다. 미혹함과 깨우침이 다르고, 견해에 이르는 데 더딤과 빠름이 있을 뿐입니다. 미혹한 사람은 아미타불을 생각하며 서방 극락세계에 태어나기를 원합니다. 반면에 깨달은 사람은 스스로 마음을 청정케 합니다. 하여 부처님께서 말씀하시길, 마음의 청정함을 따라 부처님의 땅도 청정하다 하셨습니다.

사군이시여, 동방의 세계도 단지 마음이 청정하면 허물이 없게 되고, 서방도 마음이 청정하지 않으면 허물이 있게 됩니다. 미혹한 사람은 서방 극락세계에서 나기를 바라지만, 동방과 서방 모두 사람이 사는 곳으로 한 가지입니다. 다만 마음이 청정하면 서방정토가 여기서 멀지 않은 것이요, 청정하지 못한 마음이 일어나면 아미타불을 마음에 지녀도 서방정토에 가기가 어렵습니다. 열 가지 나쁜 행실을 끊으면 곧 십만 리를 가게 되고, 여덟 가지 삿된 일을 하지 않으면 곧 팔천 리를 지난 것이 됩니다. 단지 곧은 마음을 행하면 손가락 튕기는 사이에 서방정토에 도달할 것입니다.

사군이시여, 다만 열 가지 좋은 행실을 닦으면 될 뿐, 어찌 새삼스레 서방정토에 태어나길 바랍니까. 열 가지 나쁜 마음을 끊지 않으면서 어찌 부처님께서 와서 맞아 주기를 바랍니까. 만약 생사소멸을 여읜, 단박에 깨닫는 법을 깨치면, 서방정토를 보는 것도 찰나입니다. 그러나 그것을 깨치지 못하면, 아무리 부처님을 생각해도 그 길이 멀고 머니, 어찌 서방정토에 이를 수 있겠습니까.

3-8.
수행

혜능 이 혜능이 사군을 위하여 찰나에 서방정토에 이르는 것을 눈앞에서 보여 줄 테니, 어디 한번 보시겠습니까?

사군 여기서 볼 수만 있다면, 어찌 서방정토에 태어나려 하겠습니까. 원하옵건대, 자비로써 제게 서방정토를 보여 주시면 더할 나위 없이 좋겠습니다.

혜능 자, 그럼 서방정토가 불현듯 눈앞에 나타날 테니, 잘 보십시오. 보셨습니까? 그렇다면 의심이 사라졌을 테니, 이제 모두 흩어지십시오.

대중들은 놀라 무슨 일인지 영문을 할 수 없었다. 그러자 대사께서 말씀하셨다.

혜능 대중들이여, 귀 기울여 잘 들으십시오. 우리의 몸은 하나의 성城이요, 눈, 귀, 코, 혀, 육체는 그 성의 문입니다. 이런 다섯 개의 문이 밖을 향해 나 있다면, 안으로는 뜻이라는 문이 있습니다. 마음은 곧 땅이고, 마음이 갖춘 본래의 성품은 왕입니다. 그렇기에 그 성품이 있어야 왕이 있으며, 성품이 사라지면 왕 또한 있을 수 없습니다. 성품이 있기에 몸과 마음 또한 존재하며, 성품이 사라지매 몸과 마음이 허물어집니다.

부처는 자기 마음의 성품이 짓는 것이기에, 몸 밖에서 구하면 안 됩니다. 자기 마음의 성품이 미혹되면 부처도 곧 중생일 뿐이며, 자기 마음의 성품을 깨달으면 중생이 곧 부처입니다. 자비로운 마음이 관음보살이고, 기쁘고 평정한 마음이 대세지보살이요, 청정한 마음이 석가모니 부처님이고, 평등하고 곧은 마음은 미륵보살입니다. '나'를 실체로 여기는 아상我相을 가진 이 마음이 수미요, 삿된 마음은 큰 바다고, 번뇌는 그곳에 이는 파도며, 독한 마음은 악한 용이고, 분별에 지친 마음은 고기와 자라요, 허망한 마음은 곧 귀신이고, 삼독三毒은 지옥이며, 어리석은 마음은 짐승이고, 열 가지 착한 일을 하는 마음은 극락입니다. 아상을 찾는 마음이 사라지면 수미산이 저절로 엎어지고, 삿된 마음을 여의면 바닷물이 마릅니다. 번뇌가 끊어지면 파도가 그치고, 해치려는 독한 마음이 없어지면 고기와 용도 사라집니다.

자기 마음의 땅에서, 깨달은 성품인 여래가 큰 지혜를 방출하여 사방을 환히 비추니, 여섯 개의 문이 청정하게 되고, 욕망에 물든 여섯 세계의 하늘이 부서집니다. 또한 욕망에 물든 세계를 비추어 세 가지 독한 마음을 사라지게 하니, 지옥 역시 일시에 사라지게 됩니다. 이처럼 안팎이 환히 밝으면 서방정토와 다르지 않습니다. 그러니 이 수행을 닦지 않고 어찌 서방정토의 언덕에 이를 수 있겠습니까.

법좌 아래서 설법을 들은 이들의 찬탄하는 소리가 하늘에 사무쳤으며, 미혹한 사람 또한 그러했다.

혜능 선지식인들이여, 수행은 출가하지 않고 이 세속에서도 가능합니다. 출가하여 절에 있다고 해서 수행이 되는 것이 아닙니다. 절에 있으면서도 수행하지 않으면 서방에 있으나 마음이 악함과 같습니다. 반면 출가하지 않고 세속에 있으면서도 수행의 끈을 늦추지 않는다면, 동방에 있으나 착한 마음을 닦는 것과 같습니다. 바라건대, 자기가 있는 바로 그 자리에서

마음을 청정하게 닦으십시오. 그곳이 곧 서방 극락세
계입니다.

3-9.
부처님의 행

'법달'이라는 한 스님이 계셨다. 법달 스님께서는 칠 년간 『법화경』法華經을 외웠지만, 마음이 미혹되어 바른 법이 드러나는 곳을 알지 못했다. 이에 혜능 스님께 와서 물었다.

법달 『법화경』에 대한 의문이 있습니다. 바라옵건대, 스님의 넓고 큰 지혜로 저의 의문을 풀어 주십시오.
혜능 '법달'이라는 이름은 법을 깊이 통달했다는 뜻인데, 그대의 마음은 법에 이르지 못한 듯하네그려. 경전 자체에는 의문을 일으킬 것이 없건만, 그대의 마음에는 의구심이 있네. 그대 마음이 삿된 생각을 짓고 있는데, 그대는 이를 모르고 바른 법을 구하고 있다네. 나는 내 마음의 선정에 경전을 지니고 있네. 나는 일생 글자를 모르고 지내왔기에, 그대가 『법화경』을 가지고 와서 한번 읽어 주게나. 그것을 들으면 곧바로 그 뜻을 알 수 있을 것이네.

법달 스님께서 경전을 가져와 대사께 한 편을 읽어 드렸다. 육조 혜능 스님께서는 이를 듣고 곧바로 부처님의 뜻을 알아차렸다. 그러고는 법달 스님을 위해 『법화경』을 설명해 주셨다.

혜능 『법화경』에는 많은 말이 없다네. 일곱 권 모두 비유와 인연이라네. 여래께서 삼승에 대해 많은 이야기를 하시는 것은 단지 근기가 둔한 사람들을 위해서지. 경전에서는 분명히 '부처의 수레는 하나로, 또 다른 수레가 있지 않다'고 말씀하고 계시네. 그러니 그대는 부처님의 그 한 수레를 듣고, 다른 수레를 구하지 마시게. 그러지 않으면 그대의 마음은 미혹됨에 빠질 것이네.

그럼, 경전 가운데 어디에서 이런 가르침이 나오는지 설명하겠네. 경전에서 '모든 부처님들과 세존께서는 오직 한 가지 큰 일을 해야 하는 인연 때문에 이 세계에 나타나셨다'고 말씀하셨네. 이 가르침을 어떻게 이해해야 하고, 어떻게 닦아야 하겠나? 이제부터 내가 이에 대해 설할 테니, 그대는 잘 듣게나.

사람의 마음이 생각을 짓지 않으면, 그 본래의 근원은 비고 고요하여 삿된 견해를 떠난다네. 이것이 곧 이 세계에 모든 부처님들과 세존께서 나타나신 인연이 되는 '한 가지 큰 일'일세. 안팎이 미혹하지 않으면 양 극단을 떠나게 되지. 밖으로 미혹하면 형상에 집착하고, 안으로 미혹하면 공에 집착한다네. 형상을 보되 형상을 떠나고, 공에 자리하되 공을 떠난 것이 미혹하지 않은 것이지. 이 가르침을 깨치면, 한 생각에 마음이 열리니, 그때야 비로소 세상에 나온 것이라네.

3-10.
하나의 수레

혜능 마음에서 열어야 하는 건 무엇이겠는가? 바로 부처님의 지견을 열어야 하는 걸세. 부처란 깨달은 마음이네. 이는 다시 네 가지 문으로 나뉜다네. 중생들에게 깨달음의 지견을 여는 게 그 하나요, 깨달음을 나타내 보이는 게 또 다른 문이네. 남은 두 가지 문은 중생이 깨달음의 지견을 깨치게 하는 것과 그것에 들어가게 하는 것이네. 열어[開], 보이고[示], 깨쳐[悟], 들어가는[入] 네 가지 문은 모두 한곳을 통해 들어간다네. 그 한곳은 부처님의 지견, 곧 깨달음의 지견일세. 이것을 통해 자기 본래의 청정한 마음자리를 보는 것이 곧 세상에 나오는 것이네.

대사께서 계속해서 말씀하셨다.

혜능 나는 세상 사람들이 자기 마음자리에서 부처님의 지견을 열고, 중생의 지견을 열지 않기를 항상 바라고 있다네. 세상 사람들의 마음이 삿되면, 어리석고 미혹하게 되어 악을 짓게 되어, 스스로 중생의 지견을 열게 되지. 그러나 그 마음이 발라서 지혜를 통해 환히 보게 되면, 스스로 부처님의 지견을 열게 된다네. 이렇게 되면, 곧 세상에 나오는 것이지.

이것이 『법화경』이 말하는 '깨달음에 이르는 오직 하나의 수레'일세. 이 하나의 수레를 셋으로 나눈 것은 미혹한 사람들을 위해서이니, 그대는 이 하나의 수레만을 의지해야 하네.

마음으로 실천하면 『법화경』을 자유자재로 쓰게 되지만, 실천하지 않으면 『법화경』에 오히려 그대가 쓰임을 당할 것이네. 바른 마음은 『법화경』을 굴리지만, 삿된 마음은 『법화경』에 굴려지게 되지. 부처님의 지견을 열면 그대가 『법화경』을 굴리겠지만, 중생의 지견을 열면 『법화경』이 그대를 굴릴 것이네. 이 가르침에 의지해 부지런히 힘을 써서 수행하면 곧 이 경전을 자유자재로 쓸 수 있게 될걸세.

법달 스님은 이 설명을 한 번 듣고서 그 말끝에 크게 깨달았다. 이에 법달 스님은 눈물을 흘리며 대사께 말씀드렸다.

법달 큰 스님이시여! 저는 여태껏 『법화경』을 굴리지 못하고 있었습니다. 지난 칠 년간 『법화경』에 얽매여, 그저 『법화경』이 저를 굴리게 했습니다. 이제부터 『법화경』을 굴려서, 생각 생각마다 부처의 행을 닦겠습니다.

혜능 부처의 행이 곧 부처님일세.

그때, 이 가르침을 들은 사람 중에 깨닫지 못한 이가 없었다.

3-11.
상대되는 법

혜능 대사께서 문인인 법해, 지성, 법달, 지상, 지통, 지철, 지도, 법진, 법여, 신회 스님을 모이라고 하셨다. "모두들 가까이 오게나. 그대들은 다른 사람들과 같지 않아서, 내가 죽고 난 후 그대들 각각은 한곳의 어른이 될 것일세. 하여 그대들에게 설법하는 방법을 가르쳐서 가르침의 근본을 잃지 않게 하려 하네. 그것은 삼과三科의 법문을 받들고, 서른여섯 가지의 상대되는 법으로 운용법을 삼아, 들고 나감에 있어 양극단을 여의도록 하라는 것이네.

모든 법을 설하매, 공성空性과 형상을 떠나면 안 된다네. 만일 사람들이 법에 대해 묻거든, 항상 쌍으로 말하여 서로서로가 존재의 원인이 되고, 하나가 없으면 다른 하나도 없다는 상대적인 법을 취해야만 하네.

이를테면 오고 감이란 서로가 서로의 원인이 되니, 궁극에는 두 개의 서로 다른 양상이 사라져, 가는 곳조차 없게 되는 것이지.

악한 작용을 지니면 중생이요, 선이 작용하면 부처일세. 여기서 이 작용들은 어떻게 일어나겠는가. 바로 상대되는 법에서 말미암는다네. 바깥 경계인 무정세계는 다섯 가지 상대되는 것들이 있다네. 하늘과 땅, 해와 달, 어둠과 밝음, 음과 양, 물과 불이 상대하여 있네. 말과 언어, 그리고 법과 형상에는 열두 가지 상대되는 것들이 있지. 유위와 무위, 유색과 무색, 형상 있음과 형상 없음, 번뇌 있음과 번뇌 없음, 색과 공, 움직임과 고요함, 청정함과 오염됨, 범凡과 성聖, 승僧과 속俗, 늙음과 젊음, 큼과 작음, 깊과 짧음, 높음과 낮음이 그것이네.

마음이 일어나 작용하는, 상대되는 법에도 열아홉 가지가 있지. 삿됨과 바름, 어리석음과 지혜, 우둔함과 지혜로움, 어지러움과 평정함, 계율 지킴과 잘못을 행함, 곧음과 굳음, 실상과 허상, 험함과 평탄함, 번뇌와 보리, 자비와 해침, 기쁨과 성냄, 버림과 아낌, 나아감과 물러남, 생겨남과 사라짐, 항상함과 무상함, 법신과 색신, 화신과 보신, 본체와 작용, 성품과 모양이 상대되는 그 법들이네.

이와 같은 서른여섯 가지의 상대되는 법을 알아 쓰게 되면, 모든 경전에 능통하게 되어, 들고 남에 양 극단을 떠나게 될 걸세.

어떻게 마음의 작용을 일으켜야 하겠나? 서른여섯 가지 상대되는 법이 언어와 더불어 있으니, 밖으로는 그 언어를 실체로 여기지 말아야 하며, 안으로는 공을 실체로 여겨 거기에 묶여서는 안 된다네. 공에 집착하면 오로지 어리석은 마음만을 키우게 되고, 언어의 형상에 집착하면 삿된 견해를 기를 뿐이네.

가르침은 문자를 쓰지 않는다고 쉽게 말해서는 안 되네. 왜냐하면 그것이 비록 말이기는 하나, 말 또한 문자이기 때문일세. 청정한 마음에 대해 공이라고 말하지만, 정확히 말하면 본래의 성품은 공하지 않다네. 그럼에도 마음이 미혹되고 현혹되는 이유는, 말이란 삿되어 상대되는 존재성과 작용성을 가리기 때문이라네. 어둠은 혼자서 어둡지 않다네. 오직 밝음으로 인해 어두운 것이지. 어둠은 혼자 독립하여 존재하는 것이 아니라, 밝음이 변하여 어둠이 될 때에 비로소 어둠이 있게 되는 것이네. 어둠으로 인해 밝음이 나타나고, 또한 옴으로 인해 감이 있네. 이렇게 서로서로가 상대하여 그 인연으로서 존재하게 되는 것이지. 서른여섯 가지 상대되는 법 또한 마찬가지일세."

열 명의 스님들이 대사의 가르침을 받아 이 경전을
베껴 써서 대대로 널리 퍼지게 하였으니, 이 경전을
얻은 사람은 반드시 청정한 마음의 본래 성품을 볼
것이다.

3-12.
참됨과 거짓

혜능 대사께서는 선천 이년, 팔월 삼일에 돌아가셨다. 돌아가시기 일 년 전인 선천 원년, 대사께서는 신주 국은사에 탑을 세웠다. 그리고 이듬해 칠월 팔일에 문인들을 불러들여 작별을 고했다.

"앞으로 가까이들 오게나. 나는 팔월이 되면 이 세상을 떠나게 될 걸세. 그대들에게 여전히 의심이 있다면, 어서 물어보게나. 그대들의 의심을 풀어서 마음의 미혹함을 모두 없애, 그대들을 평안하게 해주고 싶다네. 내가 떠난 뒤, 그대들을 가르쳐 줄 사람은 없을 것이네."

법해를 비롯해 여러 스님들이 이 말을 듣고 눈물을 흘리며 슬피 울었다. 오직 신회 스님만이 미동도 하지 않고, 울지도 않았다.

"신회는 나이가 어리지만, 좋고 나쁜 일에 평등함을 얻어 비난과 칭찬에 흔들리지 않는데, 다른 사람들은 그렇지를 못하구나. 여러 해 동안, 산중에서 무슨 도를 닦은 것인가. 그대들의 그 슬픔은 또한 누구를 위한 울음인가. 내가 갈 곳을 모른다고 생각해서 그리 근심해 우는 것인가. 만일 내가 갈 곳을 모른다면 이렇게 그대들에게 마지막 작별인사를 할 수 있겠는가. 그대들이 이렇게 슬피 우는 것은 내가 가는 곳을 모르기 때문이겠지. 만약 내가 가는 곳을 안다면, 슬피 울지 않을 걸세. 마음의 청정한 본체는 태어남도 사라짐도 없으며, 가고 옴도 없는 거라네.

자, 모두 앉게. 내가 그대들을 위해 게송 하나를 주겠네. 이 게송은 참과 거짓, 움직임과 고요함을 노래하는 것으로, 그대들은 이 게송을 외워 지니도록 하게. 그래서 게송의 뜻을 알게 되면, 그대들은 나와 같게 되는 것이네. 그러니 이것을 의지해 수행하면, 그간의 가르침의 근본이 되는 뜻을 잃지 않을 걸세."

스님들은 예배를 드리고, 대사께 게송을 청하여 공경하는 마음으로 받아 지녔다.

3-13.
참과 거짓, 움직임과 고요함의 게송

참됨은 어디에도 없으니
참됨을 보려 하지 말라
참됨을 보았다고 하면
그렇게 본 것은 오히려 진실이 아니네

자신에게 참됨이 있을 수 있다면
거짓을 여읜 그 마음이 진실이로다
자기 마음이 거짓을 떠나지 않으면 진실은 없나니
어디에 진실이 있겠는가

유정은 움직일 줄 알고
무정은 움직일 줄을 모르네
움직이지 않는 행을 닦는다 하면

움직이지 않는 무정과 같게 되나니

참으로 움직이지 않음을 본다면
움직임 위에 움직이지 않음이 있음을 보는 것이니
움직이지 않음이 움직이지 않음에만 머문다면
무정이요, 부처 될 종자도 없으리라

온갖 형상들을 잘 분별하지만
그 근본은 움직이지 않나니
깨우쳐 이 견해를 세우면 이것이 곧
있는 그대로의 진실된 마음의 작용이구나

도를 배우는 모든 이들에게 말하나니
부지런히 마음을 써서 배움을 일구되
대승의 문에 들고자 한다면
생사의 알음알이에 얽매이지 말라

눈앞에 있는 사람과 서로 뜻이 통하면
함께 부처님의 가르침을 이야기하거니와
참으로 서로 통하지 않을진대
다만 인사를 나누고 착한 일을 권하라

이 가르침은 본래 다투지 않나니
다투어 논쟁하지 않는다 하여 도의 뜻을 잃겠는가
미혹하여 법문을 다투는 데 집착한다면
본래의 청정한 마음이 생사에 들어가느니라

3-14.
게송을 전함

이것을 다 들은 대중 스님들은 대사의 뜻을 알게 되었다. 스님들은 다시는 감히 다투어 논쟁하지 않고 가르침에 의지해 수행하리라 다짐했다. 스님들이 모두 함께 예배를 드리니, 대사께서 세상에 오래 머물지 않을 것임을 알았다. 상좌 법해 스님이 대사께 물었다.

"큰 스님이시여, 스님께서 돌아가신 뒤에 누구에게 가사와 법을 부촉하시겠습니까?"

"법은 이미 모두 전하였으니, 그대들은 모름지기 묻지 말게나. 내가 죽은 뒤 이십 년쯤 흐르면, 삿된 가르침이 요란하여 내가 전한 근본의 뜻이 혼란스러워질 걸세. 그러면 어떤 사람이 나와서 몸과 목숨을 아끼지 않고 부처님 가르침의 옳고 그름의 근거를 마련해 근본의 뜻을 다시 세울거네. 그것이 바로 내가 전한 바른 법이네.

가사를 전하는 것은 합당하지 않을 것 같네. 가사가 없어서 그대들이 믿지 못한다면, 선대 다섯 조사분들께서 가사를 전하고 법을 부촉하신 게송을 외워 주겠네. 첫번째 조사이신 달마 대사의 게송에 담긴 뜻에 따르면, 가사를 전하는 것은 옳지 않다네. 잘 듣게나. 이제 그 게송들을 외우겠네."

일대 조사 달마스님의 게송

내가 본디 당나라에 와서
부처님의 가르침을 전해 미혹한 중생을 구하니
한 꽃에 다섯 잎이 피어나
그 열매가 자연히 열리리라

이대 조사 혜가스님의 게송

본래 땅이 있는 인연으로
땅에서 씨앗이 꽃을 피우네
본래로 땅이 없다면
어디에서 꽃이 피리오

삼대 조사 승찬스님의 게송

꽃씨가 비록 땅을 인연으로
땅에 꽃을 피우기는 하나
꽃씨에 꽃을 피우는 성품이 없다면
땅에서 생겨남 또한 없다네

오대 조사 홍인스님의 게송

유정이 와서 씨앗을 뿌리니
무정이 꽃을 피우는구나
정도 없고, 씨앗도 없으면
마음의 땅에서도 생겨나는 게 없네

육대 조사 혜능의 게송

마음의 땅은 정도, 씨앗도 품고 있나니
법의 비가 내리면 꽃을 피우리라
스스로 꽃의 정과 씨앗을 깨치면
깨달음의 열매가 자연스레 열리리라

3-15.
혜능 대사의 게송

혜능 대사께서 말씀하셨다.

"내가 지은 두 게송 또한 들어 보게나. 그 게송들은 달마스님의 게송에 담긴 뜻을 취해 지은 것이네. 아직도 마음이 미혹한 사람들은, 이 게송에 의지해 수행하게나. 그러면 반드시 마음의 청정한 본래 자리를 보게 될 걸세."

첫번째 게송

마음의 땅에 삿된 꽃이 피니

다섯 잎 또한 그 뿌리를 따른다

이렇게 함께 어리석음의 업을 짓게 되니

업의 바람이 불어 흔들리는 마음이 보이는구나

두번째 게송

마음의 땅에 바른 꽃이 피니

다섯 잎 또한 그 뿌리를 따른다

함께 깨달음의 지혜를 닦으니

부처님의 깨달음을 이루게 되리라

육조대사께서는 게송을 모두 읊으신 후에, 대중들을 돌아가게 하셨다. 문인들이 밖으로 나와서 생각했으니, 대사께서 이 세상에 오래 머물지 않으실 것임을 알았다.

3-16.
참 부처

법해 스님이 또 물었다.

"큰 스님께서 지금 가시면, 무슨 법을 부촉하시어, 후대 사람들로 하여금 어떻게 부처를 보게 하시겠습니까?"

"그대들은 잘 듣게나. 후대 사람들이 미혹할지라도, 다만 중생을 알면 곧 부처를 볼 것이네. 그러나 중생을 알지 못하면, 만 겁의 시간동안 부처를 찾는다 해도, 부처를 볼 수 없을 거네.

내가 지금 그대들에게 중생을 알아 부처를 보도록 게송을 남기려 하네. 이 게송은 '참 부처를 보는 해탈의 노래'일세. 미혹하면 부처를 볼 수 없을 것이요, 깨친 사람은 곧 보게 될 것이네."

법해 스님이 다시 물었다.

"큰 스님의 그 게송을 듣고 싶습니다. 그것을 대대로 전해 결코 끊어지지 않게 하겠습니다."

혜능 스님이 말했다.

"그대들은 잘 듣게. 내 그대들을 위해 이야기해 주겠네. 후대 사람들이 부처를 구한다면, 다만 자기 마음의 중생을 알면 되는 것이지. 그러면 능히 부처를 알게 된다네. 중생이 있기에 부처가 있고, 중생을 떠나면 부처의 마음 또한 없는 것이지."

미혹하면 부처가 중생이요
깨달으면 중생이 부처라

어리석으면 부처가 중생이요
지혜로우면 중생이 부처라

마음이 사나우면 부처가 중생이요
마음이 평등하면 중생이 부처라

평생 마음이 사나우면
부처가 중생 가운데 있고
한 생각이라도 깨쳐 평등한 마음을 내면
중생 그 자체가 부처라네.

내 마음자리에 부처가 있나니
자신에게 스스로 있는 부처가 참된 부처이니
스스로에게 부처의 마음이 없다면
어디에 가서 부처를 구할까

낭송Q시리즈 남주작
낭송 금강경 외

4부
법구경

4-1.
대구를 이루는 가르침

마음이 모든 일의 근본이 되나니
마음 따라 모든 일이 일어난다.
마음에 나쁜 생각을 품으면
그 말과 행동 또한 그러하니
이로 인해 괴로움이 그를 따른다
수레바퀴가 소의 발자국을 따르듯이

마음이 모든 일의 근본이 되나니
마음 따라 모든 일이 일어난다
마음에 좋은 생각을 품으면
그 말과 행동 또한 그러하니
이로 인해 즐거움이 그를 따른다
그림자가 그 형체를 따르듯이

몸이 번뇌의 자리임을 알지 못하고
감각의 욕망을 다스리지 않으며
먹고 마시는 일에 절제가 없고
마음이 게으르고 겁이 많아 유약하면
사악함이 그를 쉽게 뒤엎는다
바람에 연약한 풀이 쓰러지듯이

몸이 번뇌의 자리임을 알고
감각의 욕망을 잘 다스리며
먹고 마시는 일에 절제가 있고
마음을 굳게 세워 정진하면
사악함이 그를 뒤엎지 못한다
바람 앞에 선 크나큰 산처럼

엉성하게 엮은 지붕으로
빗물이 새어 들어오듯
뜻을 굳건히 세워
마음을 수행하지 않으면
탐욕이 스며든다

촘촘하게 엮은 지붕으로는
빗물이 새어들 수 없듯이

뜻을 굳건히 세워 마음을 수행하면
탐욕이 스며들지 못한다

이 세상에서 근심이요 저 세상에서도 근심이니
악을 행한 사람은 두 곳에서 근심한다
그 근심에 두려움만이 가득하니
죄로 인한 괴로운 마음 떨치지를 못한다

이 세상에서 기쁨이요 저 세상에서도 기쁨이니
선을 행한 사람은 두 곳에서 기뻐한다
이 기쁨에 즐거움만이 가득하니
선한 업으로 마음이 평온함 속을 노닌다.

경전을 아무리 많이 외운다 한들
방일放逸하여 행하지 않으면
남의 소를 세는 소몰이꾼처럼
참된 수행자가 될 수 없다

경전을 조금밖에 외울 수 없다 해도
법을 따라 도를 행하고
탐욕, 분노, 어리석음을 여의고
바른 지혜와 해탈을 얻게 되어

눈앞에 것에 집착을 일으키지 않는다면
참된 수행자에 들게 된다.

4-2.
마음

마음은 가벼이 이곳저곳을 떠돌아
지키기가 어렵고 다루기 또한 어렵다
지혜로운 사람은 이 마음을 능히 다스리니
활 만드는 사람이 화살을 곧게 하듯이

깊은 연못에서
뭍으로 잡혀 올라온 물고기처럼
마음이 공포와 두려움에 하릴없이 떨고 있다
날뛰는 악마들 무리 속에서

가벼이 이리저리 날뛰어 붙잡기 어려우며
오로지 욕망을 좇아 헤맬 뿐이다
이 마음을 제압하는 일은 좋은 일이니

제압된 그 마음이 즐거움을 가져온다

욕망을 따라 흔들리는 마음은
미묘하여 알아채기 어렵다
지혜가 있는 사람은 스스로를 지키나니
지켜진 마음은 즐거움을 가져온다

홀로 먼 곳을 떠돌며
그윽한 곳에 숨어들어 자취가 없는 마음
그 마음을 제압하고 도를 가까이 하면
악마의 손아귀에서 마침내 벗어나리니

마음이 머물며 쉬지 않고
바른 진리 또한 알지 못하며
세상 일에 미혹되어 이리저리 흔들리면
바른 지혜에 이를 길이 없다

마음은 전일하지도, 머물지도 않으며
끊임없이 변해 간다
깨어 있는 사람은 이를 알아
악을 돌이켜 행복에 든다

이 몸을 마치 빈 항아리처럼 바라보고
이 마음을 성곽처럼 굳게 세워
지혜로서 악마와 싸워 이겨
다시는 악마가 그 마음을 흔들지 못하게 하라

아, 이 몸은 머지않아
땅으로 돌아가리라
정신이 몸을 떠나니
육신의 뼈들만이 땅 위에 뒹군다

원수가 내게 어떤 해악을 가한다 해도
적이 내게 어떤 공격을 행한다 해도
내 사악한 마음이
내 자신에게 짓는 해로움보다 적을 것이다

아버지와 어머니, 그리고 친척들이
내게 어떤 선의를 베푼다 해도
바른 지혜로 향한 내 마음이
내 자신에게 짓는 행복보다 못할 것이다

4-3.
꽃

꽃을 따는 일에만 마음이 팔려
그 마음이 흐트러진 사람은
잠든 마을을 물이 휩쓸어 가듯
죽음이 그를 앗아간다

꽃을 따는 일에만 마음이 팔려
그 마음이 흐트러진 사람은
욕망이 채워지기도 전에
생을 마친다

꽃의 빛깔과 향기를 다치게 하지 않고
오직 꿀만을 취하는 벌처럼
지혜가 있는 사람 또한

마을에 들어 그처럼 걸식을 행한다

다른 사람의 허물을 보지 말고
다른 사람이 일을 했는지에 괘념치 말 것이며
오직 스스로를 돌아봐
그 행함이 바른지를 살펴라

꽃의 빛깔이 아무리 아름다워도
향기 없는 꽃이 있듯이
그 말이 아무리 좋고 아름다워도
행하지 않는 말은 쭉정이일 뿐이다

꽃의 빛깔이 아름다우면서
그 향기 또한 그윽한 꽃이 있듯이
행위가 따른 말에는
행복 또한 반드시 따른다

연꽃과 향나무처럼 제 아무리 좋은 향기도
바람을 거스를 수 없지만
덕이 있는 사람의 그 향기는
바람을 거슬러 온 사방에 풍긴다

4-4.
어리석음

잠 못 드는 이에게 밤은 한없이 길며
지친 이에게 길은 멀고도 멀다
바른 진리를 깨닫지 못한 이에게
생사의 길은 어둡고 아득하여라

내 자식이요, 내 재산이다
어리석은 사람은 괴로워한다
나 역시 내 것이 아니거늘
어찌 자식과 재산이 나의 것이 될 수 있단 말인가

어리석은 이가 스스로를 어리석다 여기면
그것으로써 이미 지혜로운 것이다
어리석은 이가 스스로를 지혜롭다 여기면

그야말로 어리석은 것이다

지혜가 없는 어리석은 사람은
자신을 마치 원수 대하듯 행동한다
쾌락을 좇아 악한 업을 지어
스스로를 고통으로 상처 낸다

선하지 않은 업을 지은 뒤에
물러나 뉘우치고 후회하니
얼굴에 흐르는 그 눈물
몸에 스며든 그 업 때문이다

선한 덕을 지은 뒤에
나아가 기쁨과 즐거움을 맛보며
청정한 행복에 들게 되나니
그 즐거운 웃음은 몸에 익은 오랜 습을 떨쳐냈기 때
문이다

나쁜 짓이 아직 무르익지 않으니
어리석은 사람은 그것을 꿀같이 여긴다
나쁜 짓이 무르익어 그 결과를 맺으니
어리석은 사람은 후회하고 괴로워한다

나쁜 짓은 곧바로 드러나지 않는다
새로 짠 소젖이 금세 굳지 않듯이
나쁜 짓은 그림자처럼 그를 따른다
재에 덮힌 불씨처럼

어리석은 사람은 온갖 생각을 내어도
어떤 이익도 얻지 못하니
스스로 창칼을 불러들여
제 자신을 해치도록 한다

어리석은 사람은 이익을 탐하고
허망한 명예를 구하니
안으로는 권력을 구하려고 다투며
밖으로는 돈과 먹을 것을 바란다

세속의 사람이나 출가한 사람 모두
일의 덕을 자신에게 돌리고
일의 뜻을 자신에게 맞추니
이와 같은 것이 어리석은 사람의 모습이다
그렇게 나날이 욕망과 교만이 자란다

4-5.
천 개의 말

비록 천 개의 말을 외울 수 있더라도
그 말의 뜻이 바르지 못하면
들어서 마음의 어지러움을 잠재우는
한 마디 말보다 못하다

비록 천 개의 문구를 외울 수 있더라도
그 뜻을 얻지 못하면 아무 이익이 없나니
단 하나의 뜻을 들을지라도
마음의 어지러움을 잠재우는 것만 못하다

비록 수많은 경전을 외울 수 있더라도
그 뜻을 얻지 못하면 아무 이익이 없나니
하나의 문구라도 그 법을 이해하고

이를 행하면 도를 얻는다

전쟁터에 나아가 수많은 적과
홀로 맞서 이긴다 하더라도
자기 자신을 이긴 사람이
가장 뛰어난 승리자다

자신을 이기는 것이 가장 현명한 일
하여 사람들 중의 왕이란
다른 사람을 이기는 것이 아니라
자신의 마음을 지키고 자신을 제압하는 자다

비록 백 년의 삶을 산다 하더라도
삶이 절도가 없이 어지러우면
지혜롭고 고요히 마음을 지키며
단 하루를 사는 것만 못하다

비록 백 년의 삶을 산다 하더라도
나쁜 행실과 어리석음으로 가득하면
마음에 바른 지혜를 품고
고요히 하루를 사는 것만 못하다

4-6.
악행

선한 일을 보고 서둘러 행하지 않으면
도리어 악한 마음을 좇게 된다
복을 구하되 바르게 행하지 않으면
도리어 삿되고 음탕함을 즐긴다

악한 일을 했더라도
다시 그 일을 되풀이하지 말라
그 안에는 아무런 기쁨이 없나니
악이 나날이 쌓여 고통 속에 놓인다

선한 일을 했다면
그 일을 항상 되풀이하라
그 안에는 기쁨이 자리하니

선한 일을 행함은 즐거움으로 이끈다

악의 열매가 맺히기 전에는
악한 사람도 복을 만난다
악의 열매가 맺힌 때에는
악한 사람은 화를 당한다

선의 열매가 맺히기 전에는
착한 사람도 화를 만난다
선의 열매가 맺힌 때에는
착한 사람은 복을 받는다

이 악행이 사소하여
재앙이 없을 거라 여기지 말라
작은 물방울이 모여
큰 항아리를 채우는 법이니
모든 큰 악행이
그 사소함으로부터 이루어진다

이 선행이 보잘것없어
복이 되지 않을 거라 여기지 말라
작은 물방울이 모여

큰 항아리를 채우는 법이니
모든 복을 이루는 것은
그 보잘것없음이다

재물은 많은데 길동무가 적은 장사꾼은
위험한 길을 피해 가듯
탐욕은 목숨을 해하기에
지혜로운 사람은 욕망을 가난하게 한다

내 손에 상처가 없으면
손으로 독을 만질 수 있다
상처가 없으면 독 또한 나를 해하지 못하듯
악을 행하지 않으면 악은 오지 않는다

다른 사람에게 악을 행하고 그를 속인다 할지라도
청정하여 때묻지 않은 사람을 해칠 수는 없나니
그 악은 도리어 어리석은 이에게 돌아간다
바람을 향해 던진 먼지처럼

어떤 사람은 다시금 생명으로 태어나고
악한 사람은 지옥에 들며
선한 사람은 천상에 나고

마음이 청정한 사람은 열반에 든다

허공 중에도, 바다 속에도
깊은 산 동굴 속에도
지은 악업을 벗어나 숨어들 곳은
이 세상 어디에도 없다

허공 중에도, 바다 속에도
깊은 산 동굴 속에도
죽음을 벗어나 숨어들 곳은
이 세상 어디에도 없다

4-7.
폭력

죽음을 두려워하는 게 생명이요
채찍을 두려워하지 않는 생명은 없나니
이 이치를 자신에게 견주어
어떤 생명도 죽이거나 해하지 말라

채찍을 두려워하는 게 생명이며
살기를 좋아하는 게 생명이니
이 이치를 자신에게 견주어
어떤 생명도 죽이거나 죽게 하지 말라

다른 이에게 거친 말을 건네지 말라
그 또한 그렇게 네게 응할 것이다
악이 가면 화가 오게 되나니

네 몸으로 그 해가 돌아온다

은은히 울리는 종소리처럼
다른 이에게 청정한 말을 건네면
모든 시비에서 벗어나
열반의 자리에 든 것이다

소를 치는 사람이
채찍으로 소를 몰아 목장으로 가듯이
늙음과 죽음 또한
쉼 없이 우리 목숨을 몰고 간다

평온한 삶을 즐기는 게 생명이니
생명을 때리거나 죽임으로써
그 속에서 즐거움을 얻는 이는
뒷세상의 평온함을 얻지 못한다

평온한 삶을 즐기는 게 생명이니
생명을 때리거나 죽이지 않음으로써
그 속에서 스스로 즐거움을 찾는 이는
뒷세상의 즐거움 또한 얻게 된다

어리석은 사람은 악을 행하고도
스스로 그것을 깨닫지 못한다
하여 스스로 지은 업이 일으킨 불길 속에서
몸을 태우며 괴로워한다

이 세상에 지혜로운 이가 있어
능히 스스로 부끄러움을 알아
이 세상 누구도 비난하지 않나니
좋은 말에게 채찍이 필요 없듯이

활 만드는 사람은 활시위를 고르고
물길을 아는 사람은 뱃길을 잡으며
목수는 나무를 다루며
어진 사람은 자기 자신을 다룬다

4-8.
자기 자신

자기 자신을 사랑하는 이는
모름지기 자신을 잘 지킨다
생사고통에서 벗어나고자
바른 가르침을 익히며 항상 자신을 살핀다

다른 이를 가르치듯 자신을 바로 세우면
스스로를 잘 다스릴 수 있으며
다른 이 또한 다스릴 수 있나니
거기에는 어떤 미혹됨도 없다

자신의 마음이 스승이니
스승은 따로 있지 않다
자신을 잘 닦아 스승으로 삼으면

얻기 힘든 스승을 얻게 된다

자신이 지은 업이기에
그 업은 자신에게 돌아온다
그리하여 그 업이 내 자신을 부수나니
금각성이 여의주를 부숴 버리듯

악한 일은 자기 자신을 괴롭게 한다
그러나 그 일은 행하기 쉽다
착한 일은 자기 자신을 편안하게 한다
그러나 그 일은 행하기 어렵다

악을 행하여 스스로를 더럽히고
선을 행하여 스스로를 맑게 한다
그 더러움과 청정함이 모두 자신에게 있으니
누구도 그것을 대신할 수 없다

남을 위한 일이 아무리 중요해도
자신이 해야 할 일을 소홀히 하지 마라
하루하루 마음을 다하여
그 할 일의 때를 놓치지 마라

4-9.
코끼리

싸움터에 나간 코끼리가
화살을 맞고도 참고 견디듯
나 또한 세간의 헐뜯음을 견디며
마음을 다해 남을 구하리라

잘 길들여진 코끼리가
왕이 타는 코끼리가 되듯
비난을 참고 견디며 스스로를 다스릴 줄 아는 이는
사람 가운데 가장 뛰어난 사람이다

잘 길들여진 당나귀도 좋고
인더스에서 나는 말도 좋고
전장에 나갈 큰 코끼리도 좋다

그러나 이 모든 것보다 자신을 잘 다루는 사람이 좋
다

당나귀로도, 말로도, 코끼리로도
사람이 갈 수 없는 곳
오직 잘 다루어진 자기 자신을 탄 사람만이
그곳에 갈 수가 있다

재산을 지킨다는 코끼리는
억세고 사나워 걷잡을 수 없나니
잡아서 묶어 두어도 먹이를 먹지 않는다
오로지 숲 속만을 생각하기에

저 악행에 빠져 있는 사람은
항상 탐욕으로 스스로를 얽어매어
만족함을 모르는 그 코끼리처럼
몇 번이고 태胎 안에 드나드네

즐기는 대로 욕심대로
정처없이 떠돌기만 하던 이 마음
이제 단단히 다잡았나니
조련사가 그 억센 코끼리를 다루듯이

도를 즐겨 방일하지 않고
항상 자신의 마음을 잘 지켜
그 몸이 모든 괴로움으로부터 벗어나니
코끼리가 늪을 벗어나듯이

어질고 성실하며 생각이 깊고 지혜로운
도반이 될 이를 만났거든
어떤 어려움이라도 이겨내고
마음을 놓고 함께 가라

어질고 성실하며 생각이 깊고 지혜로운
도반이 될 이를 만나지 못했거든
정복된 나라를 버린 왕처럼
차라리 혼자가 되어 악을 짓지 말라

차라리 혼자 선을 행하라
결코 어리석은 이와 벗하지 말라
홀로 있어도 악을 짓지 말라
놀란 코끼리가 제 몸을 보호하듯

낭송Q시리즈 남주작
낭송 금강경 외

5부
금강경과 법성게

5-1.
형상에 집착하지 않는 마음

나는 이와 같이 들었습니다. 어느 날, 부처님께서 뛰어난 비구 천이백오십 명과 함께 사위국 기수급고독원에 계셨습니다.

세존께서는 공양 때가 되자, 가사를 입고 발우를 가지고 직접 사위성에 탁발을 하러 들어가셔서, 성안을 차례로 돌며 걸식을 마치셨습니다. 그러고는 다시 머물던 곳으로 돌아와서 공양을 하신 후, 가사와 발우를 정리하시고는 발을 씻은 다음 자리를 펴고 앉으셨습니다.

그때, 대중 가운데 있던 수보리가 자리에서 일어나 오른쪽 어깨가 드러난 옷을 입고 오른쪽 무릎을 꿇으며 합장한 뒤, 부처님께 공경하는 마음으로 아뢰었습니다.

"드문 분, 세존이시여! 여래께서는 모든 보살들을 세세히 보살펴 주시며, 모든 보살들에게 부촉하십니다. 세존이시여! 선남자 선여인이 최상의 바른 깨달음을 얻고자 하는 마음을 낼진대, 그 마음을 어디에 머물게 해야 하며, 어떻게 그 마음을 다스려야 합니까?"

부처님께서 말씀하셨습니다.

"참으로 잘 물었다, 수보리여! 그대가 말한 바 그대로다. 여래께서는 모든 보살들을 세세히 보살피시며, 모든 보살들에게 부촉하신다. 그대는 이제 잘 들을지어다. 그대들을 위해 이야기하겠노라. 선남자 선여인이 최상의 바른 깨달음을 얻고자 하는 마음을 낼진대 응당 이와 같이 마음을 머물게 해야 하며, 또한 이와 같이 마음을 다스려야 한다."

"예, 그렇게 해주십시오, 세존이시여! 즐거운 마음으로 가르침을 듣고자 합니다."

부처님께서 수보리에게 말씀하셨습니다.

"모든 보살마하살은 응당 이렇게 마음을 다스려야 하느니라. 일체 중생들, 이를테면 알에서 태어나는 생명, 모태에서 태어나는 생명, 습기 있는 데서 태어나는 생명, 변화해서 생겨나는 생명, 형체가 있는 생명, 분별이 있는 생명, 분별이 없는 생명, 분별이 있지도 않은 생명, 분별이 없는 것도 아닌 생명 모두를 한

치의 번뇌도 없는 열반에 들게 하겠다는 마음을 내야
만 한다.

그러나 이와 같이 한없이 많은 중생을 깨달음에 이르
도록 제도했다 해도, 실상 나는 어느 한 중생도 제도
한 게 없다. 왜냐하면 수보리여, 만약 보살이 아상我
相, 인상人相, 중생상衆生相, 수자상壽者相이라는 생각이
조금이라도 있다면, 이는 보살이라 할 수 없기 때문
이니라.

또한 수보리여, 보살은 그 어떤 대상에도 집착하지
않고 보시해야 한다. 예컨대 보이는 모습에 집착하지
않고 보시해야 하고, 소리, 냄새, 맛, 감촉, 의식의 대
상에도 집착하지 않고 보시해야 한다. 만약 보살이
대상에 대한 어떤 집착도 없이 보시를 하게 되면, 그
복덕이 헤아릴 수 없이 크기 때문이다.

수보리여, 그대는 동쪽 허공의 크기를 헤아릴 수 있
겠느냐?"

"헤아릴 수 없습니다, 세존이시여."

"수보리여, 그대는 남쪽, 서쪽, 북쪽과 네 가지 귀퉁
이, 그리고 위아래의 허공을 헤아릴 수 있겠느냐?"

"헤아릴 수 없습니다, 세존이시여."

"수보리여, 보살이 어디에도 집착함이 없이 보시하
는 복덕 또한 이처럼 헤아릴 수 없는 것이다. 수보리

여, 보살은 응당 이렇게 배운 대로 살아야 하느니라.
수보리여, 그대는 어떻게 생각하느냐. 몸의 형상으로
여래를 볼 수 있겠느냐?"

"볼 수 없습니다, 세존이시여. 몸의 형상으로 여래를
볼 수 없습니다. 왜냐하면 여래께서 말씀하신 몸의
형상이란 곧 그 형상을 갖지 않기 때문입니다."

그러자 부처님께서 수보리에게 말씀하셨습니다.

"형상이 있는 모든 것은 허망하다. 만약 모든 형상이
원래 형상이 아님을 본다면, 이는 곧 여래를 보는 것
이다."

5-2.
강을 건너면 뗏목을 버려야

수보리가 부처님께 여쭈었습니다.

"세존이시여! 중생이 이와 같은 가르침을 듣고 참으로 믿는 마음을 낼 수 있겠습니까?"

부처님께서 수보리에게 말씀하셨습니다.

"수보리여 그렇게 말하지 말라. 여래께서 열반에 드신 후 오백 년의 시간이 지나도, 계율을 지키며 복덕을 짓는 이들이라면 이 가르침에 신심을 내고 이를 참되다 여길 것이다. 이 사람들은 한 분 부처님, 두 분 부처님, 세 분, 네 분, 다섯 분 부처님에 착한 마음의 바탕을 심었을 뿐만 아니라, 헤아릴 수 없이 많은 부처님께 그 착한 마음의 바탕을 심었느니라. 하여 이 경전의 가르침을 듣고 마음을 한곳에 모아 청정한 신심을 낼 것임을 알아야 한다.

수보리여! 여래께서는 모든 것을 다 아시고, 모든 것을 다 보시나니, 이런 중생들은 헤아릴 수 없는 복덕을 받을 것이다. 왜냐하면 이런 중생들은 아상·인상·중생상·수자상이 없으며, 진리에 실체가 있다는 생각도 없으며, 진리 아닌 것에 실체가 있다는 생각도 없기 때문이니라.

왜 그렇겠느냐. 이 모든 중생들이 만약 마음에 상相을 짓게 되면, 아상·인상·중생상·수자상에 집착하는 것이 되고, 또한 진리에 어떤 상이 있다고 생각하게 되면, 아상·인상·중생상·수자상에 집착하는 것이 되며, 진리 아닌 것에 상이 있다 생각하게 되면, 아상·인상·중생상·수자상에 집착하는 것이 되기 때문이다.

이런 이유로 진리에 실체가 있다는 생각도, 진리 아닌 것에 실체가 있다는 생각도 지어서는 안 되는 것이다. 하여 여래께서 늘 말씀하셨다. '너희 비구들은 내가 설한 법을 강을 건너는 뗏목으로 여겨야 할 것이다. 진리도 버려야 하거늘 진리 아닌 것이야 말할 것도 없지 않겠느냐.'

수보리여, 그대는 어떻게 생각하느냐? 여래께서 최상의 바른 깨달음을 얻은 일이 있으며, 여래께서 설한 진리라는 게 있느냐?"

수보리가 말했습니다.

"제가 부처님의 설법을 이해하기로는 최상의 바른 깨달음이라 이름붙일, 정해진 법은 없으며, 또한 여래께서는 어떤 진리도 설하지 않으셨습니다. 왜냐하면 여래께서 말씀하신 진리는 취할 수도, 설할 수도 없으며, 진리도, 진리가 아닌 것도 아니기 때문입니다. 그렇기에 모든 현인과 성인은 무위법으로 차별에 있습니다."

"수보리여, 어떻게 생각하느냐. 만약 어떤 사람이 삼천대천세계를 가득 채울 일곱 가지 보배로 보시를 한다면, 그가 얻을 복덕이 많겠느냐?"

수보리가 대답하였습니다.

"매우 많을 것입니다, 세존이시여. 왜냐하면 이 복덕이 곧 복덕의 성품이 아니기에 여래께서 말씀하시길 복덕이 많다고 하셨습니다."

"만약 어떤 사람이 이 경전 가운데 사구게*만이라도 받아 지녀 다른 사람에게 설한다면, 그 복덕이 일곱 가지 보배로 삼천대천세계를 채우는 보시보다 더 뛰어날 것이다. 왜냐하면 수보리여, 모든 부처님과 모

---

* 여기에서 말하는 '사구게'는 특정 게송을 가리킨다기보다는 『금강경』에 나오는 법문 일반을 지칭하는 말로, 그 법문들 중 한 문장이라도 받아 지녀 설한다면 그 공덕이 크다는 의미다.

든 부처님의 최상의 깨달음이 모두 이 경전으로부터 나왔기 때문이니라. 수보리여, 이른바 불법도 곧 불법이 아니다."

5-3.
깨달음을 모르는 깨달음

"수보리여, 어떻게 생각하느냐. 수다원須陀洹을 증득한 사람이 '나는 수다원을 얻었다'라는 생각을 짓겠느냐?"

수보리가 대답했습니다.

"그렇지 않을 것입니다, 세존이시여. 왜냐하면 수다원이 평온한 흐름에 들어가는 것을 뜻하기는 하나, 들어갈 곳이 없으니 형색, 소리, 냄새, 맛, 감촉, 의식의 대상 그 어디에도 들어가지 않았기에 수다원이라 일컫기 때문입니다."

"수보리여, 어떻게 생각하느냐. 사다함斯陀含을 증득한 사람이 '나는 사다함을 얻었다'라는 생각을 짓겠느냐?"

"그렇지 않을 것입니다, 세존이시여. 왜냐하면 사다

함이 마지막으로 다시 한번 욕계欲界에 와서 깨달음을 얻어 간다는 뜻이기는 하나, 실은 가고 옴이 없기에 사다함이라 일컫기 때문입니다."

"수보리여, 어떻게 생각하느냐. 아나함阿那含을 증득한 사람이 '나는 아나함을 얻었다'라는 생각을 짓겠느냐?"

"그렇지 않습니다, 세존이시여. 왜냐하면 아나함이 욕계에 다시는 들지 않는다는 뜻이기는 하나, 실은 들지 않는 것도 없기에 '아나함'이라 일컫기 때문입니다."

"수보리여, 어떻게 생각하느냐. 아라한阿羅漢을 증득한 사람이 '나는 아라한을 얻었다'라는 생각을 짓겠느냐?"

수보리가 대답했습니다.

"그렇지 않습니다, 세존이시여. 왜냐하면 아라한이라는 실체가 없기 때문입니다. 세존이시여, 만약 아라한이 '나는 아라한을 얻었다'는 생각을 짓는다면, 이는 곧 아상·인상·중생상·수자상에 집착하는 것이 됩니다.

세존이시여! 부처님께서는 저를, 아무런 다툼도 없는 삼매를 얻는 이들 중 으뜸이라 하셨습니다. 이는 제가 욕심을 떠난 첫째가는 아라한이라는 뜻일 겁니다.

그러나 세존이시여, 저는 제가 욕심을 떠난 아라한이라고 생각하지 않습니다. 세존이시여, 만일 제가 '아라한의 경계를 얻었다'는 분별을 낸다면, 세존께서는 저를 다툼 없는 삼매를 즐기는 사람이라고 말씀하지 않으셨을 겁니다. 제가 실로 행하는 바가 없기에 저를 다툼 없는 삼매를 즐기는 사람이라 일컬으시는 것입니다."

5-4.
얻을 것도 설할 것도 없다

부처님께서 수보리에게 말씀하셨습니다.

"어떻게 생각하느냐. 여래께서 옛날 연등 부처님의 처소에 계실 때, 법을 얻은 일이 있겠느냐?"

"얻은 것이 없습니다, 세존이시여. 여래께서 옛날 연등 부처님의 처소에 계실 때에 실로 얻은 것이 없습니다."

"수보리여, 어떻게 생각하느냐. 보살이 불국토를 장엄한 일이 있느냐?"

"없습니다, 세존이시여. 왜냐하면 불국토를 장엄하는 것은 곧 장엄하는 것이 아니기에 장엄한다 일컫기 때문입니다."

"그렇기에 수보리여, 모든 보살마하살은 응당 이와 같이 청정한 마음을 내야 하느니라. 결코 형색에 마음을 머물게 해서도 안 되며, 소리, 냄새, 맛, 감촉, 의식의 대상 등에 마음이 머물러서도 안 된다. 반드시 그 어디에도 집착함이 없이 마음을 내야 한다.

수보리여, 어떤 사람의 몸이 산 중에 가장 큰 산인 수미산처럼 크다고 한다면, 그 몸은 크다고 할 수 있겠느냐?"

수보리가 말했습니다.

"대단히 큽니다, 세존이시여! 왜냐하면 부처님이 말씀하시길, 몸 아닌 것을 큰 몸이라고 하셨기 때문입니다."

"수보리여, 갠지스 강의 모래알만큼이나 갠지스 강이 많다면 그대는 어떻게 생각하느냐? 이 갠지스 강의 모래알이 많다고 하겠느냐?"

수보리가 말했습니다.

"매우 많습니다, 세존이시여. 갠지스 강들만 해도 무수히 많거늘 하물며 갠지스 강의 모래알은 얼마나 많겠습니까."

"수보리여, 이제 내가 진실한 말을 하겠노라. 만약 선남자 선여자가 일곱 가지 보배로 갠지스 강의 모래알만큼이나 많은 삼천대천세계를 채우는 보시를 한다면, 그 복덕이 많겠느냐?"

"매우 많습니다, 세존이시여."

부처님께서 수보리에게 말씀하셨습니다.

"만약 선남자 선여인이 이 경전에서 사구게만이라도 받아 지녀, 다른 사람에게 이를 이야기해 준다면, 이로 인한 복덕이 일곱 가지 보배로 삼천대천세계를 가득 채우는 보시보다 훨씬 뛰어날 것이다.

또한 수보리여! 이 경전에서 사구게만이라도 설명하면 바로 그곳이 모든 세간의 하늘, 사람, 아수라가 부처님의 탑과 절처럼 공양할 곳임을 알아야 한다. 하물며 이 경전의 가르침을 받아 지녀 읽고 외운다면, 수보리여, 이 사람은 세상에서 드문 최상의 진리를 성취한 것임을 반드시 알아야 하느니라. 이 경전이 있는 그곳이 곧 부처님과 부처님의 존경받는 제자들이 있는 곳이다."

5-5.
법답게 받아 지녀라

그때 수보리가 부처님께 여쭈어 보았습니다.

"세존이시여! 이 경전의 이름은 무엇이라고 해야 하며, 저희들이 이 경전을 어떻게 받들어서 지녀야 하옵니까?"

부처님께서 수보리에게 말씀하셨습니다.

"이 경전의 이름을 '금강반야바라밀'金剛般若波羅蜜經이라 할 것이니, 이 이름을 반드시 받들어 지녀야 한다. 왜냐하면, 수보리여, 부처님께서 설하신 반야바라밀이 곧 반야바라밀이 아니기에, 반야바라밀이라 부르기 때문이다.

수보리여, 어떻게 생각하느냐. 여래께서 설하신 법이라는 것이 있느냐?"

수보리가 부처님께 대답했습니다.

"세존이시여, 여래께서 설하신 법은 없습니다."

"수보리여, 어떻게 생각하느냐. 삼천대천세계에 있는 티끌이 많다고 할 수 있겠느냐?"

"엄청나게 많습니다, 세존이시여!"

"수보리여, 여래께서는 모든 티끌이 곧 티끌이 아니기에 티끌이라 일컫는다고 말씀하셨다. 또한 세계가 곧 세계가 아니므로 이를 세계라 부른다 하셨느니라. 수보리여, 어떻게 생각하느냐. 서른두 가지의 상으로 여래를 볼 수 있느냐?"

"그렇지 않습니다, 세존이시여! 서른두 가지 상으로 여래를 볼 수 없습니다. 왜냐하면 여래께서 말씀하시길, 서른두 가지 상은 곧 상이 아니기에 서른두 가지 상이라 부른다 하셨기 때문입니다."

"수보리여! 선남자 선여인이 갠지스 강의 모래알만큼이나 많이 생명을 보시한다고 해도, 만일 어떤 사람이 이 경전 가운데 사구게만이라도 받들어 지녀 다른 사람들에게 이를 이야기해 준다면, 이 복덕이 훨씬 많을 것이다."

5-6.
상을 여읜 적멸

그때 수보리는 이 경전의 가르침을 듣고 그 뜻을 깊이 이해하여, 눈물을 흘리며 부처님께 말씀드렸다.

"드무신 분, 세존이시여! 부처님께서 설하신 이와같이 깊고 깊은 가르침은 제가 지혜의 눈이 열린 이후 한 번도 들어 보지 못한 그런 것이옵니다. 세존이시여, 만약 어떤 사람이 이 경전의 가르침을 듣고 청정한 신심을 내면 곧 실상을 깨닫게 될 것이니, 이는 세상에서 가장 드문 공덕을 성취한 것입니다. 세존이시여, 이 실상은 곧 실상이 아니기에 여래께서는 실상이라 이름한다 하셨습니다.

세존이시여! 이제 제가 이 경전의 가르침을 듣고 믿어 이해하여 받아 지니는 것은 어렵지 않습니다. 그러나 오백 년이 시간이 흐른 뒤, 이 경전을 듣고 믿어 이해하여 받아 지니는 사람이 참으로 드물 것이옵니다. 왜냐하면 그런 사람은 아상·인상·중생상·수자상이 없기 때문입니다. 그 이유는, 아상이란 곧 상이 아니며, 인상·중생상·수자상 역시 상이 아니기 때문이옵니다. 왜냐하면 일체의 모든 상을 여읜 것이 곧 부처이기 때문입니다."

부처님께서 수보리에게 말씀하셨다.

"참으로 그렇다! 만일 어떤 사람이 이 경전을 듣고 놀라지도, 두려워하지도, 무서워하지도 않는다면, 그 사람은 드문 사람임을 알아야만 한다. 왜냐하면 수보리여, 여래께서는 으뜸가는 깨달음은 곧 으뜸가는 깨달음이 아니기에 으뜸가는 깨달음이라 말씀하셨기 때문이다.

수보리여, 인욕의 깨달음은 여래께서 말씀하시길 인욕의 깨달음이 아니기에 인욕의 깨달음이라 이름한다 하셨느니라. 왜냐하면 수보리여, 옛날 가리왕이 나의 몸을 베고 찢었을 때에도 내게는 아상·인상·중생상·수자상이 없었기 때문이다. 왜 그런가 하면, 그 옛날 몸이 갈가리 찢겨질 때, 만약 내가 아상·인상·중생상·수자상을 마음에 일으켰다면, 응당 성내고 원망하는 마음 또한 일어났었을 것이기 때문이다.

수보리여, 또한 과거 인욕선인으로 오백 생애를 보내

는 때를 떠올려 보니, 그때에도 아상·인상·중생상·수자상이 없었다. 그렇기에 수보리여, 보살은 응당 모든 상을 떠나 최상의 바른 깨달음을 내야 한다. 마음이 형색에 머물러서도 안 되며, 소리, 냄새, 맛, 감촉, 의식의 대상 어느 것에도 얽매여서는 안 되나니, 그 무엇에도 머물지 않는 마음을 내야 한다. 그러나 만약 마음이 한곳에 머물러 얽매이게 되면, 머무름이란 없는 것임을 알아채야 한다. 하여 부처님께서 말씀하시길, 보살은 응당 머물러 얽매이는 마음으로 보시해서는 안 된다고 하셨느니라.

수보리여, 보살은 모든 중생을 이롭게 하여야 하기에, 응당 이와 같이 보시해야 한다. 그렇기에 여래께서는 일체의 모든 상이 곧 상이 아니며, 또한 일체의 중생이 곧 중생이 아니라고 말씀하신다.

수보리여, 여래께서는 진리를 말씀하시며, 진실을 설하시고, 있는 그대로를 이야기하시며, 속이는 말씀을 하지 않으시고, 다른 말을 하지 않으신다.

수보리여, 여래가 증득하신 법, 이 법은 참되지도 헛되지도 않다.

수보리여, 만약 보살이 어떤 대상에 마음이 머문 채 보시를 한다면, 이는 어두운 곳에 들어간 사람이 아무것도 보지 못하는 것과 같다. 만약 보살이 어떤 대상에 마음이 머물지 않은 채 보시를 한다면, 이는 눈 밝은 사람이 밝은 햇빛 아래서 온갖 형색을 보는 것과 같다.

수보리여! 미래에 만약 선남자 선여인이 이 경전의 가르침을 받아 지녀 읽고 외운다면, 여래께서는 부처님의 지혜로 이들을 모두 알아보시니, 이들 모두가 헤아릴 수 없으며 그 경계도 없는 공덕을 성취하게 될 것이다."

5-7.
금강경을 지니는 공덕

수보리여, 만약 선남자 선여인이 아침에 갠지스 강의 모래알만큼 무수히 많은 몸으로 보시를 하고, 점심에 다시 갠지스 강의 모래알만큼 무수히 많은 몸으로 보시를 하며, 저녁이 되어 또한 갠지스 강의 모래알만큼 무수히 많은 몸으로 보시를 하여, 백천만억 겁의 셀 수 없는 시간 동안 이렇게 보시한다 해도, 이 경전을 듣고 신심을 거스르지 않는 복덕이 훨씬 뛰어나다. 하물며 이를 베껴쓰고 곁에 지녀 읽고 외우며, 다른 이들에게 설명해 주는 것으로 인한 복덕은 어떻겠느냐.

수보리여! 이 경전의 요체를 말하면, 이 경전은 생각만으로는 가늠할 수 없는, 잴 수도 없으며 그 경계도 없는 공덕이 있느니라. 여래께서는 대승의 마음을 내는 이들을 위해 설하셨으며, 최상의 진리에 마음을 내는 이들을 위해 설하셨다.

만약 어떤 사람이 이 경전의 가르침을 받아 지니면서 읽고 외워 사람들에게 이 가르침을 풀어 준다면, 여래께서는 이들을 모두 알아보시니, 이들 모두가 셀 수 없고, 잴 수 없으며, 그 경계도 없으며, 생각으로는 헤아릴 수 없는 공덕을 성취하게 될 것이다. 이와 같은 사람들은 곧 여래의 최상의 바른 깨달음을 짊어지게 될 것이다.

왜냐하면 수보리여, 만약 소승의 법을 즐기게 되면, 아견·인견·중생견·수자견에 집착하게 되어, 이 경전의 가르침을 듣고 이해할 수도, 받아들여 읽고 외워 사람들에게 풀어 줄 수도 없기 때문이다.

수보리여! 이 경전이 있는 그 어느 곳이라도 모든 하늘, 사람, 아수라가 반드시 공양하는 곳이 될 것이다. 그곳이 곧 부처님의 탑이니 모두 공경하는 마음으로 주위를 돌며 예를 갖추고 꽃과 향을 뿌리리라.

또한 수보리여! 어떤 선남자 선여인이 이 경전의 가르침을 받아 지녀 읽고 외우는 데도, 사람들이 만약 그를 업신여긴다면, 그는 전생의 죄업으로 응당 악도에 떨어져야 함에도, 이생에 사람들로부터 업신여김을 당했기 때문에, 전생의 죄업이 소멸하여 반드시 최상의 바른 깨달음을 얻게 될 것이다.

수보리여! 내가 셀 수 없는 아승지겁의 지나온 시간들을 돌이켜 보건대, 연등 부처님을 만나기 전, 팔백 사천만 억 나유타 부처님을 만나 뵙고, 그분들 모두에게 공양을 올리고 받들어 섬기어 헛되이 지나친 적이 없었다.

그러나 시간이 흘러 부처님의 가르침이 잊혀져 갈 때 쯤, 어떤 사람이 이 경전을 받아 지녀 읽고 외운다면, 그 사람의 공덕은 과거 내가 부처님께 올렸던 공양의 공덕의 백 배, 아니 천만억 배, 아니 그 어떤 수로도 미칠 수 없다.

수보리여, 만약 훗날 부처님의 가르침이 잊혀 갈 때 쯤 선남자 선여인이 이 경전을 받아 지녀 읽고 외워서 얻게 되는 공덕을 내가 구체적으로 설한다면, 이를 들은 어떤 사람들은 마음이 미친 듯 어지러워져 의심하고 의아해하며 믿지 않을 것이다.

수보리여! 이 경전은 생각으로는 헤아릴 수 없는 뜻을 지니고 있으며, 과보 또한 생각으로 미루어 짐작할 수 없음을 반드시 알아야 하느니라.

5-8.
마침내 나를 잃다

그때 수보리가 부처님께 여쭈어 보았습니다.

"세존이시여! 선남자 선여인이 최상의 바른 깨달음을 얻고자 마음을 낼진대, 어디에 마음을 머무르게 하고, 어떻게 마음을 다스려야 합니까?"

부처님이 수보리에게 말씀하셨습니다.

"만약 선남자 선여인이 최상의 바른 깨달음에 마음을 냈다면, 그 마음을 이와 같은 곳에 두어야 한다. '나는 응당 모든 중생을 열반에 들게 할 것이며, 모든 중생을 열반에 들게 하더라도 단 한 중생도 실상 열반에 들게 한 일이 없다'고 생각해야 하느니라.

왜냐하면 수보리여, 만약 보살이 아상·인상·중생상·수자상을 가지면, 곧 보살이 아니기 때문이다. 왜 그렇겠느냐, 수보리여. 최상의 바른 깨달음은 어떤 실체로서 진리가 아니기 때문이니라.

수보리여, 어떻게 생각하느냐. 여래께서는 연등 부처님 처소에 계실 때, 어떤 진리가 있어 최상의 바른 깨달음을 얻으셨느냐?"

"그렇지 않습니다, 세존이시여! 제가 부처님이 설하신 뜻을 이해하기로는 부처님께서 연등 부처님의 처소에 계실 때, 어떤 진리가 있어 최상의 바른 깨달음을 얻으신 것이 아닙니다."

부처님께서 말씀하셨습니다.

"참으로 그렇다, 수보리여! 여래께서 얻으신 최상의 바른 깨달음은 실체로서 어떤 진리가 아니다.

수보리여, 만약 여래께서 얻으신 그 최상의 바른 깨달음이 실체로서의 진리라면, 연등 부처님께서 나에게 수기를 내리시며 '미래에 그대는 반드시 부처가 될진대, 그 이름을 석가모니라 하리라'고 말씀하지 않으셨을 것이다. 실체 아닌 진리로서 최상의 바른 깨달음을 얻었기에 연등 부처님께서는 내게 수기를 내리시며 말씀하시길, '미래에 그대는 반드시 부처가 될 것이니, 그 이름을 석가모니라 하리라'고 하신 것이다.

왜냐하면 여래란 존재의 있는 모습 그대로를 의미하기 때문이다. 만약 어떤 사람이 여래가 최상의 바른 깨달음을 얻었다고 말하더라도, 수보리여, 부처님께서는 실상 어떤 진리가 있어 최상의 깨달음을 얻은 것이 아니니라.

수보리여! 여래께서 얻으신 최상의 바른 깨달음 가운데에는 참다운 것도, 허망한 것도 없다. 하여 여래께서는 모든 법이 모두 부처님의 법이라고 말씀하셨다. 수보리여, 모든 법이 법이 아니기에, 법이라 이르는 것이다. 수보리여, 비유컨대 이는 사람의 몸이 장대한 것과 같다."

수보리가 말했습니다.

"세존이시여, 여래께서 말씀하시길, 사람의 몸이 장대한 것은 곧 큰 몸이 아니기에, 큰 몸이라 일컫는다 하셨습니다."

"수보리여, 보살 또한 이와 같아서 만약 내가 반드시 헤아릴 수 없이 많은 중생을 제도하겠다고 말한다면, 이는 곧 보살이 아니다. 왜 그렇겠느냐, 수보리여. 실상 보살이라고 이름할 어떤 법이 없기 때문이다. 하여 부처님께서 말씀하시길, 모든 법이 무아·무인·무중생·무수자라고 하셨느니라.

수보리여, 만약 보살이 '나는 반드시 부처님 나라를 장엄하겠다'고 말한다면, 이는 곧 보살이 아니다. 왜냐하면 여래께서 말씀하시길, 부처님 나라를 장엄한

다는 것은 곧 장엄하는 것이 아니기에 장엄이라 일
컫는다 하셨느니라. 수보리여, 만약 보살이 무아법에
통달한다면, 여래께서는 그를 참으로 보살이라 하실
것이다.

5-9.
일체는 하나

"수보리여, 어떻게 생각하느냐. 여래께는 육신의 눈이 있겠느냐?"

"그렇습니다, 세존이시여. 여래께는 육신의 눈이 있습니다."

"수보리여, 어떻게 생각하느냐. 여래께는 하늘의 눈이 있겠느냐?"

"그렇습니다. 세존이시여. 여래께는 하늘의 눈이 있습니다."

"수보리여, 어떻게 생각하느냐. 여래께는 지혜의 눈이 있겠느냐?"

"그렇습니다, 세존이시여. 여래께는 지혜의 눈이 있습니다."

"수보리여, 어떻게 생각하느냐. 여래께는 진리의 눈

이 있겠느냐?"

"그렇습니다. 세존이시여. 여래께는 진리의 눈이 있습니다."

"수보리여, 어떻게 생각하느냐. 여래께는 부처의 눈이 있겠느냐?"

"그렇습니다, 세존이시여. 여래께는 부처의 눈이 있습니다."

"수보리여, 어떻게 생각하느냐. 갠지스 강의 모래를 여래께서 말씀하신 적이 있느냐?"

"그렇습니다, 세존이시여. 여래께서는 그 모래를 말씀하신 적이 있습니다."

"수보리여, 어떻게 생각하느냐. 갠지스 강에 있는 모래알만큼 갠지스 강이 있고, 그 갠지스 강들의 모래알만큼 부처님의 세계가 있다면, 그 세계는 정녕 많겠느냐?"

"매우 많습니다, 세존이시여."

부처님께서 수보리에게 말씀하셨습니다.

"그 세계들에 있는 모든 중생들의 갖가지 마음을 여래께서는 빠짐없이 알고 계신다. 왜냐하면 여래께서 말씀하시길, 모든 마음은 하나같이 마음이 아니기에 마음이라 일컫는다 하셨기 때문이다.

왜 그렇겠느냐, 수보리여! 과거의 마음도 얻을 수 없

으며, 현재의 마음도 얻을 수 없고, 미래의 마음 또한 얻을 수 없기 때문이니라.

수보리여, 어떻게 생각하느냐. 만약 어떤 사람이 삼천대천세계를 가득 채운 일곱 가지 보배로 보시를 한다면, 이 사람은 이 인연으로 인해 받는 복덕이 많겠느냐?"

"그렇습니다, 세존이시여. 그 사람은 이 인연으로 인해 받는 복덕이 매우 많을 것입니다."

"수보리여, 만약 복덕이 실제로 있다면, 여래께서는 복덕이 많다고 말씀하지 않으셨을 것이다. 복덕이 없기에 여래께서는 받는 복덕이 많다고 하셨느니라."

"수보리여, 어떻게 생각하느냐. 부처님을 구체적인 형상을 가진 몸으로 볼 수 있느냐?

"볼 수 없습니다, 세존이시여. 여래를 구체적인 형상을 가진 몸으로는 응당 볼 수 없습니다. 왜냐하면 여래께서는 구체적인 형상을 가진 몸을 구체적인 형상을 가진 몸이 아니기에 구체적인 형상을 가진 몸이라 일컫는다 말씀하셨기 때문입니다."

"수보리여, 어떻게 생각하느냐. 여래를 구체적인 형상으로 볼 수 있느냐?"

"그렇지 않습니다, 세존이시여. 구체적인 형상으로 여래를 볼 수 없습니다. 왜냐하면 여래께서는 구체적인 모든 형상이 곧 구체적 형상이 아니기에 구체적인 형상이라고 말씀하셨기 때문입니다."

"수보리여, 그대는 여래께서 '나는 마땅히 설해야 할 진리가 있다'라는 생각을 내셨다고 이야기해서는 안 되며, 그렇게 여겨서도 안 된다. 왜 그렇겠느냐. 만약 어떤 사람이 설해야 할 진리가 있다고 여래께서 말씀하셨다고 이야기한다면, 이는 곧 부처님을 비방하는 것이며, 부처님의 설법을 이해하지 못했기에 그렇게 이야기하는 것이니라.

수보리여! 부처님이 진리를 설하신다는 것은 설할 수 있는 어떤 진리가 없음을 설하시는 것이기에 진리를 설한다고 일컫는 것이다."

그때, 지혜로운 수보리가 부처님께 여쭈었습니다.

"세존이시여, 미래에 중생이, 설하신 이 진리를 듣고 신심을 낼 수 있겠습니까?"

부처님께서 말씀하셨습니다.

"수보리여! 그는 중생이 아니기에 중생이라 하는 것이다. 왜냐하면 수보리여, 중생은 중생이 아니기에 중생이라 일컫기 때문이니라."

5-10.
진리는 얻을 것이 없다

수보리가 부처님께 말했습니다.

"세존이시여! 부처님께서는 최상의 바른 진리를 얻으셨으나 아무런 것도 얻은 일이 없사옵니까?"

부처님께서 말씀하셨습니다.

"참으로 그렇다, 수보리여. 나는 최상의 바른 깨달음에서 어떤 작은 진리도 얻은 것이 없었다. 그렇기에 이를 최상의 바른 깨달음이라 이름하는 것이다.

또한 수보리여! 이 진리는 평등하며 높고 낮음이 없기에, 최상의 바른 깨달음이라 이름한다. 무아·무인·무중생·무자상으로 일체의 착한 법을 행하면, 이것이 곧 최상의 바른 깨달음이다. 수보리여, 착한 법이란 여래가 말씀하시길 착한 법이 아니기에 착한 법이라 일컫는 것이다.

수보리여, 만약 삼천대천세계에 존재하는 모든 수미산들만큼 어떤 사람이 일곱 가지 보배로 보시를 한다 해도, 만약 그 사람이 최고의 바른 깨달음이 담긴 이 경전 가운데 사구게라도 받아 지녀 읽고 외우며, 다른 이들에게 그것을 풀어 주면, 이 복덕에 비해 일곱 가지 보배로 보시한 그 공덕은 백분의 일에도 미치지 못하여, 백천만억분의 일, 아니 표현할 수 있는 그 어떤 수에도 미칠 수 없다.

수보리여, 어떻게 생각하느냐. 그대들은 여래께서 '나는 반드시 중생을 제도하겠다'는 생각을 지으셨다고 여겨서는 안 되느니라.

수보리여, 이렇게 여겨서는 안 되는 까닭은 실로 여래께서는 제도할 중생이 있지 않기 때문이다. 만약 여래께서 제도할 중생이 있다면, 여래께서는 곧 아我, 인人, 중생衆生, 수자壽者가 있게 되는 것이다.

수보리여! 여래께서 아我가 있다는 것은 곧 아我가 있는 것이 아니기 때문이라고 말씀하시지만, 범부들은 아我가 있다고 여긴다.

수보리여! 범부란 여래께서 말씀하시길 범부가 아니기에 범부라 이름하는 것이다.

수보리여, 어떻게 생각하느냐. 서른두 가지 상으로 여래를 볼 수 있느냐?"

수보리가 말했습니다.

"참으로 그렇습니다. 서른두 가지 상으로 여래를 봅니다."

부처님이 말씀하셨습니다.

"수보리여, 만약 서른두 가지 상으로 여래를 본다면, 전륜성왕이 곧 여래가 되어 버린다."

수보리가 부처님께 말했습니다.

"세존이시여, 제가 부처님의 가르침을 이해하기로는, 결코 서른두 가지 상으로는 여래를 볼 수 없습니다."

그때, 세존께서 게송을 읊으셨습니다.

"형상으로 나를 보려 하거나
음성으로 나를 구하려 한다면
이는 잘못된 길로 드는 것이니
결코 여래를 볼 수 없으리라."

5-11.
헤아릴 수 없는 공덕

"수보리여, 그대가 만약 '여래께서는 구체적인 형상을 갖추지 않으셨기에 최상의 바른 깨달음을 얻으셨다'고 생각한다면, 수보리여, 결코 그렇게 생각해서는 안된다.

수보리여, 그대가 만약 '최상의 바른 깨달음의 마음을 일으킨 사람은 모든 법이 소멸한 사람을 이야기한다'고 생각한다면, 결코 그렇게 생각해서는 안 된다. 왜냐하면 최상의 바른 깨달음의 마음을 일으킨 사람은 법이 모두 소멸해 사라졌다고 말하지 않을 것이기 때문이다.

수보리여, 만약에 어떤 보살이 갠지스 강의 모래알만큼이나 많은 세계를 일곱 가지 보배로 채우는 보시를 한다 해도, 만약에 모든 법이 무아임을 알아 깨달음의 지혜를 얻게 된다면, 이 보살이 일곱 가지 보배로 보시를 한 보살보다 더 뛰어난 공덕을 얻을 것이다. 왜냐하면 수보리여, 이 보살은 공덕을 받지 않기 때문이니라."

수보리가 부처님께 여쭈었습니다.

"세존이시여, 어찌해서 보살이 공덕을 받지 않는 것입니까?"

"수보리여, 보살은 복덕을 지으나, 그 복덕에 결코 탐착하지 않는다. 하여 복덕을 받지 않는다고 말하는 것이니라.

수보리여, 만약 어떤 사람이 여래께서는 오기도 하고, 가기도 하며, 앉기도 하고, 눕기도 한다고 말한다면, 이 사람은 내가 설한 가르침을 이해하지 못한 것이다. 왜냐하면 여래는 어느 곳에서 오지도 않고, 또한 어느 곳으로 가지도 않기에 여래라 이름하는 것이기 때문이다.

수보리여, 만약 선남자 선여인이 삼천대천세계를 부수어 티끌로 만든다면, 어떻겠느냐? 이 티끌들이 정녕 많겠느냐?"

수보리가 말했습니다.

"매우 많습니다, 세존이시여. 왜냐하면 만약 이 티끌들이 실제로 있다 한다면, 부처님께서는 이를 곧 티끌이라고 말씀하시지 않기에 그러합니다. 부처님께서 말씀하시길, 티끌들은 곧 티끌들이 아니기에 티끌들이라 일컫는다 하셨습니다.

세존이시여! 여래께서 말씀하시길, 삼천대천세계는 곧 세계가 아니기에 세계라고 말한다 하셨습니다. 왜냐하면 만약 세계가 실제로 있다면 이는 곧 하나로 합쳐진 형상이 있게 되는 것이니, 여래께서는 하나로 합쳐진 형상은 하나로 합쳐진 형상이 아니기에 하나로 합쳐진 형상이라 일컫는다 말씀하셨습니다."

"수보리여, 하나로 합쳐진 형상은 곧 설할 수 없는 것이거늘, 단지 범부들이 탐착하는 것이다."

5-12.
실체 없는 진리, 흔들림 없는 마음

"수보리여, 만약 어떤 사람이 말하기를 부처님께서
아견·인견·중생견·수자견을 설하셨다고 한다면, 수
보리여, 어떻게 생각하느냐. 이 사람은 내가 설한 가
르침을 이해한 것이냐?"

"아닙니다, 세존이시여. 이 사람은 여래께서 설하신
가르침을 이해하지 못했습니다. 왜냐하면 세존께서
설하신 아견·인견·중생견·수자견은 곧 아견·인견·
중생견·수자견이 아니기에 아견·인견·중생견·수자
견이라 일컫기 때문입니다."

"수보리여, 최상의 바른 깨달음의 마음을 일으킨 사
람은 모든 진리에 대하여 이렇게 알아야 하고, 이렇
게 보아야 하여, 이렇게 믿고 이해하여, 진리에 형상
이 있다는 생각을 지어서는 안되느니라. 수보리여,

진리의 상은 여래께서 말씀하시길 진리의 상이 아니기에 진리의 상이라 일컫는 것이니라.

수보리여, 만약 어떤 사람이 셀 수 없이 많은 아승지阿僧祇세계를 일곱 가지 보배로 채우는 보시를 한다 해도, 만약 선남자 선여인이 깨달음의 마음을 내고, 이 경전에 있는 사구게만이라도 받아 지녀 읽고 외우고, 다른 사람들을 위해 이를 풀어 설명해 준다면, 이 복덕이 더욱 뛰어나다.

다른 사람을 위해 어떻게 이 경의 가르침을 풀어 설명하겠느냐? 형상에 집착하지 말고, 마음의 흔들림이 없어야 한다고 이야기해야 하느니라. 왜 그렇겠느냐. 일체의 진리라는 법은 꿈, 환영, 물거품, 그림자 같으며 이슬 같고 또한 번개 같으니, 반드시 이와 같이 보아야 하느니라."

부처님께서 이 경의 설법을 마치시자, 장로 수보리와 모든 비구와 비구니, 남녀 재가신도들 그리고 모든 세간의 천인과 아수라가 부처님의 말씀을 듣고 모두 크게 기뻐하여 그 가르침을 믿고 받아 받들고 실천하였다.

5-13.
법성게

법의 성품은 서로 어우러져 두 모습이 없고

모든 법은 움직임이 없고 그 바탕이 고요하니

이름도 형상도 없는 모든 것이 끊어진 자리

지혜로 깨달을 수 있을 뿐, 또 다른 경계 아니네

참된 성품은 깊고 깊어 지극히 미묘하니

자신의 성품을 지키지 않고 인연따라 이루네

하나 가운데 일체의 것이 있고, 그 모든 것 가운데 하
나가 있으며

하나가 바로 일체의 것이요, 그 모든 것이 바로 하나
로다

하나의 티끌 속에 온 우주가 들어 있으며

모든 티끌마다 또한 그러하네

헤아릴 수 없이 먼 시간도 곧 한 생각이며

한 생각이 곧 헤아릴 수 없이 먼 시간이니
구세와 십세가 서로 같지만
어지러이 뒤섞이지 않고 각각이 제 모습을 이루네
깨달음의 마음을 처음으로 낼 때가 바른 깨달음
생사와 열반은 더불어 있으니
근본 이치와 밖으로 드러나는 현상은 분별이 없으매
모든 부처님과 보살의 경지라네
부처님께서 해인삼매 가운데서
부사의한 불법을 뜻대로 드러내시니
중생을 이롭게 하는 값진 보배의 비가 허공에 가득하여
중생들은 제 그릇에 따라 이익을 얻네
하여 수행자는 근본이 되는 마음자리로 돌아와
망상을 쉬지 않고는 결코 이를 수 없다네
집착을 여읜 교묘하고 선한 방편으로 뜻대로 이루니
불성으로 돌아가 제 그릇따라 자량을 얻네
다라니의 다함없는 보배로
법계를 참된 보배로 장엄해
마침내 진실된 중도의 자리에 않으니
예로부터 움직임이 없어 부처라 이름하네